Knaur

Über die Autorin:

Mavi Mohr, Tochter eines Amerikaners und einer Deutschen, wurde 1978 geboren. Bis 1990 lebte sie in den USA, dann kam sie mit Mutter und Schwester nach Deutschland. Knapp ein Jahr später erkrankte sie an Leukämie. Mavi Mohr war von 1995 an Theodor-Heuss-Stipendiatin im Internat Schloß Salem. – Sie studiert heute Medizin in Heidelberg.

Mavi Mohr

Ein Elefant
gab mir die Hand

Ein junges Mädchen
kämpft gegen Leukämie

Knaur

Besuchen Sie uns im Internet:
www.droemer-knaur.de

Vollständige Taschenbuchausgabe Februar 2000
Droemersche Verlagsanstalt Th. Knaur Nachf., München
Copyright © 1997 der deutschsprachigen Ausgabe bei
Kreuz Verlag, Stuttgart
Alle Rechte vorbehalten.
Das Werk darf – auch teilweise – nur mit Genehmigung
des Verlages wiedergegeben werden.
Umschlaggestaltung: Agentur Zero, München
Satz: Pinkuin Satz und Datentechnik, Berlin
Druck und Bindung: Elsnerdruck, Berlin
Printed in Germany
ISBN 3-426-77408-9

5 4 3 2 1

Inhalt

Für diejenigen zwei,
die schon immer für mich da waren –
und es auch immer sein werden.
Danke, Mama und Schwesterherz.

Vorwort

Dieses Buch verfolgt drei Ziele. Erstens diente das Schreiben mir zur Verarbeitung meiner Erlebnisse und Eindrücke. Zweitens soll es eine Quelle für Betroffene sein, geschrieben von einer Betroffenen. – Vielleicht findet sich manch einer oder manch eine in meiner Geschichte wieder. Drittens können Nichtbetroffene sich auf eine wahre Geschichte einlassen, die zwar subjektiv ist, aber vielleicht in der Lage, ein neues Licht auf das Phänomen Krebs zu werfen.

Krebs – kaum eine Krankheit löst so viel Unbehagen und gar Angst aus wie diese. Krebs ist die zweithäufigste Todesursache in Deutschland, und man vermutet, daß bis zum Jahr 2000 einer von neunhundert jungen Menschen unter 45 Jahren schon einmal an Krebs erkrankt gewesen sein wird. Fast jeder hat zumindest schon einmal von Krebs gehört, denn Krebs ist eine Krankheit, die von den Medien oft präsentiert wird, wenn auch nicht immer wahrheitsgetreu. Diese Erkrankung weckt sofort Gefühle des Mitleids – und der Freude, daß man selbst nicht betroffen ist. Denn es sind immer »die anderen«, denen so etwas zustößt.

Ich bin so eine »andere«. Ich habe – hatte?! – Leukämie, Blutkrebs, und ich mußte mich im Laufe der Jahre manches Mal fragen, woran es liegt, daß die meisten Menschen so wenig über diese Krankheit wissen oder warum sie so viel Falsches wissen, obwohl so viel über Krebs berichtet wird.

Krebs ist in der Tat etwas Unheimliches, etwas Wucherndes – ein gefräßiges Tier, das uns überfällt? Nun, nicht ganz.

Ich denke, diese furchterregende Vorstellung wurde zum Teil auch durch die Medien geweckt. Flackernde Geisterbilder von kahlen Köpfen mit dunklen, eingesunkenen Augen durchzucken unsere Gedanken und bauen eine Schranke gegenüber den »anderen« auf, die ein weiteres Interesse ausschließt. Dort, wo die Angst vor etwas Unbekanntem herrscht, tauchen aber zugleich Unwahrheiten auf ...

Mavi Mohr

Heute, an der Schwelle zum neuen Jahrtausend, ist seitdem noch unendlich viel Zeit vergangen. Mit meinen 21 Jahren bin ich wohl »erwachsen«: die gemeinsame Wohnung mit meiner großen Liebe, endlich das Traumstudium Medizin, endlich die Selbständigkeit, auf die man sich so lange freut. Und doch bedarf es nicht viel, daß ich mich sofort wieder wie damals fühlen kann, ängstlich und hilflos. Seit ich meine Geschichte niederschrieb, erlebte ich zwei erschütternde Situationen, in denen man von einem Rückfall ausgegangen ist – zuletzt vor knapp drei Jahren. Beide Fälle erwiesen sich als harmlos (kein Krebs), und doch sollen sie einfach zeigen, daß der Krebs mich nicht losläßt. Die Angst davor zumindest nicht. Meine Venen sind von der Therapie noch immer sehr geschädigt – eine einfache Blutabnahme wird schnell zur Katastrophe, wenn der erste Stich mißlingt (und das tut er fast immer!). Dann breche ich, die erwachsene Mavi, in mich zusammen und weine, sofort wieder überwältigt von den Erinnerungen an unzählige mißlungene Piekser. Aber mein Leben wird keinesfalls noch dominiert von Krebs. Es gibt Tage – ja Wochen! –, an denen ich nicht mal mehr dran denke. Die Angst und die Erinnerungen sind nur präsent, jederzeit abrufbar. Das ist aber auch gar nicht so schlimm, denn ich möchte eine gute – nein, eine hervorragende – Ärztin werden. Und neben der Arbeit, die ich in mein Studium stecke, sind diese Erinnerungen die richtige Grundlage dafür.

Heute, 8 Jahre nachdem ich mit all meinen Symptomen in die Klinik eingeliefert wurde, sage ich: Die Krankheit hat mich stark gemacht. Ich habe aus ihr gelernt, auch wenn das Lernen nicht angenehm war. Und ich lerne weiter – solange »die Ängste im Kopf wie Spinnweben hängen«.

Alles Gute –

Mavi Mohr, Herbst 1999

Wieder in Deutschland

Ich habe Krebs. Komisches Gefühl, diese Worte auszusprechen. Ich habe es auch schon lange nicht mehr benutzt, denn niemand will sie hören.

Am 28. Januar 1994 war ich zwei Jahre in Remission, das heißt krebsfrei. Für die meisten ist die Sache vorbei, ich habe sie aber noch nicht vergessen, werde es wahrscheinlich auch nie. Man lebt ständig in Angst vor dem Krebs, ich speziell vor der »Leukämie«. Fünf Jahre lang muß man krebsfrei sein, um sich endgültig »gesund« nennen zu können. Eine lange Zeit. Dabei hatte alles so schön angefangen …

Am 11. Juni 1990 bin ich mit meiner Schwester und meiner Mutter aus Kalifornien sozusagen geflüchtet – unter anderem vor meinem Vater. Meine Eltern sind seit 1984 geschieden, und mein Vater war für mich noch nie – wie die Amis so schön sagen – ein »Daddy« gewesen. Mein Vater ist Amerikaner und hat meine Mutter – Deutsche – damals in Deutschland kennengelernt. Tja, und wie das so geht: verliebt, verlobt, verheiratet. Meine Mutter flog mit ihm zurück nach Amerika, wo sie mich und fünf Jahre später meine Schwester gebar.

Jeder, dem ich erzähle, ich hätte mal in Amerika gewohnt, sagt gleich: »Toll! Warum bist du da nur weg?« – Verständlich, wenn man das Bild betrachtet, das uns durch die Medien vermittelt wird. Es ist aber eine Sache, in einem Land zu wohnen, und eine andere, dort bloß Urlaub zu machen.

Mir hat das Leben dort nicht gefallen, noch weniger hat mir mein Vater gefallen. Mein Traum war immer gewesen, nach Deutschland zu ziehen, in die Heimat meiner Mutter. Insofern kam es mir nicht ungelegen, als Verwandte für uns Flugtickets kauften und uns nach Deutschland holten – Auslöser war ein Herzinfarkt meiner Oma.

Ich kam gleich aufs Gymnasium, allerdings wurde ich zwei Klassen zurückversetzt, da ich kein Deutsch konnte. Aber ich fühlte mich wohl und gewöhnte mich schnell an die deutsche Lebensweise. Mir ging es sehr gut – bis zum Sommer 1991.

Eigentlich hätte alles sehr schön sein können

Der Sommer war wunderschön: Sonne, Schwimmbad, schulfrei – alles, was dazugehört. Ich war dreizehn geworden, hatte den ersten Freund, den ersten Krach mit meiner Mutti ... aber ich freute mich auf das Leben. Was ist das schön: ein Teenager! Ganz ohne Sorgen – und es gibt so viel zu erleben: Partys, Disco, zum ersten Mal schminken, Leute kennenlernen ... O ja, ich freute mich darauf – wenn es mir nur nicht so schlecht ginge, körperlich. Ich klappte im Sport zusammen, hatte nach wenig Anstrengung keine Luft mehr. Vielleicht habe ich Asthma?
Ich ging also zum Arzt ...
»Das sind die Hormone, du bist ja in der Pubertät, da ist so ein Kreislaufkollaps nichts Außergewöhnliches. Mach viele Wechselduschen, dann geht's dir bald besser.«
Okay, ich befolgte seinen Rat. Aber irgendwie merkte ich

keine Besserung, und dann diese blöden Infekte, eine Erkältung nach der anderen. Ständig schniefte ich, einmal hatte ich sogar einen Herpes-Infekt in Mund und Rachen, so daß ich eine Woche lang nichts essen konnte.

Ab zum Arzt.

»Rotlicht-Bestrahlung und Kamille inhalieren. Das sind einfach Pollen, und dein Immunsystem ist durch die Pubertät geschwächt. Das wird schon werden.«

Okay. Aber diese blauen Flecken überall stören mich, am meisten habe ich sie an den Beinen. Ich sehe ja aus, als sei ich verprügelt worden. Im Schwimmbad machten wir Witze, wer mir welchen Fleck verpaßt haben konnte beim Toben. Aber so viel ich darüber lachte, irgendwie war ich doch beunruhigt.

Also wieder zum Arzt.

»Pubertät, da kommt es durchaus vor, daß man blaue Flecken bekommt.«

Na gut. Aber diese Symptome! Sie kamen mir irgendwie bekannt vor. Ich habe mich schon immer mit Medizinbüchern beschäftigt, und so hingen mir trübe Gedanken im Hinterkopf, die man nur allzu gern wieder vertreibt. Ich lebte weiter so vor mich hin, der Sommer von dunklen Wolken verhangen.

Ende September wachte ich eines Morgens mit einem kleinen Punkt am linken Oberschenkel auf. Er juckte leicht, und ich verfluchte die Stechmücke, die mir das angetan haben mußte. Blöde Viecher, Nacht für Nacht dasselbe Theater: zzzzzzzzz, und sie warten nur darauf, mein Blut zu saugen!

Doch dieses Mal war es anders. Am nächsten Morgen hatte sich der kleine Punkt mit Eiter gefüllt. – Merkwürdig, vielleicht ein Pickel? Brav, wie ich bin, kratzte ich nicht daran und hoffte, daß er bald wieder weg war. Er ging aber nicht weg, sondern wurde langsam, aber sicher größer. Altes Heilmittel aus meiner Kindheit: Pflaster drauf. So war's immer, als ich klein war: Küßchen, Pflaster – und dann war's besser. Aber mein »Pickel« wuchs und wuchs, bis er Anfang Oktober so groß wie ein Fünfmarkstück und der Oberschenkel auf fast das Doppelte angeschwollen war. Mein ganzer Oberschenkel schmerzte. Ich gewöhnte mir an, immer nur auf der rechten Pobacke zu sitzen.

Ich glaube, ich muß mal wieder zum Arzt. Ob das auch mit der Pubertät zusammenhängt?

»Wickel und Jodsalbe.«

Die Schmerzen und die Schwellung an meinem Bein wurden aber größer.

Nochmals zum Arzt.

»Das ist ein Abszeß, eine bakterielle Entzündung. Du mußt sofort zu einem Chirurgen, und ich schreibe dir Antibiotika auf.«

Am gleichen Nachmittag fuhren wir zu einem Chirurgen, empfohlen von meinen Großeltern. Das Warten auf den harten Stühlen tat so weh, daß ich mich fast freute, als ich endlich aufgerufen wurde. Nach weiterem Warten kam endlich der Arzt, und meine Mutter und ich erklärten ihm die Symptome.

»Zieh mal deine Hose aus und leg dich auf den Tisch.«

Ich tat das, aber es war mir ziemlich unangenehm, so »halbisch-nackisch« vor jemand Fremdem da zu liegen. Ich hörte ein leises Murmeln, das Klappern einer Schublade, spürte ein Stück Papier auf meinem Bein. Und dann plötzlich ... Hoppla, was war denn das? Ein höllischer Schmerz, der mir den Atem verschlug. Was, zum Teufel, war los? Ich drückte mein Gesicht in das Kissen, damit mein Schreien gedämpft wurde.

Der Arzt hatte mir ohne Vorwarnung, ohne Betäubung den Abszeß mit zwei zehn Zentimeter langen und zwei Zentimeter tiefen Schnitten aufgeschnitten! Doch eigentümlicherweise kam kein Eiter heraus, wie bei einem Abszeß erwartet, sondern bloß eine glibberige Masse, die Waldfrucht-Marmelade ähnlich war.

Der Schock

Ich fühlte mich betrogen und hilflos. Wenn er mich doch wenigstens vorgewarnt hätte! Er hat mein Bein aufgeschnitten, *mein* Bein, einfach so, und nun klatschte er mir ein Pflaster drauf, sagte zu meiner Mutter, ich müsse täglich den Verband wechseln, und ging. Ich stand unter Schock. Meine Mutter stützte mich bis zum Auto. Auf der Rückfahrt bibberte ich bloß auf dem Rücksitz, irgend etwas juckte am Bein, und ich hatte das Gefühl, in die Hose gemacht zu haben. Als wir zu Hause ankamen, bemerkten wir, daß es Blut war, was meine Hose durchnäßt hatte. Das Jucken war Blut, das langsam mein Bein runtergetropft war und meine Socken beschmutzt hatte. Ich war fürchterlich traurig und ziemlich fertig mit der Welt. In der Nacht schlief ich sehr, sehr schlecht und hatte Alpträume.

Als ich am Morgen aufwachte, wußte ich es irgendwie: Ich habe Leukämie. Es war ein Gefühl, das ich nicht beschreiben kann, nicht definierbar, so daß es schwer zu erklären ist. Es war fast so, als sei die ganze Zeit über eine Art Mauer zwischen meinem Körper und mir gewesen. Mein Körper hatte verzweifelt versucht, Signale zu senden, aber sie waren einfach nicht durch die Mauer gekommen. Nun aber war – wie bei einer Sintflut – alles überschwemmt worden. Ich wußte alles – und doch nichts. Ich behielt diese Gedanken für mich. Wer hätte denn auch zugehört, hätte ich gesagt: »Hey, Leute, ich habe Leukämie!« und diese Diagnose mit »so einem Gefühl« begründet hätte?

Am folgenden Samstag ging ich zum Verbandswechsel zu meinem Kinderarzt und am Sonntag auch. Mir ging es sehr, sehr schlecht. Und am Sonntagabend bekam ich Fieber, trotz des Antibiotikums. Wir riefen beim Arzt an, und er riet, ein Fieber senkendes Mittel zu nehmen. Vielleicht auch zwei. Aber wir konnten nicht mehr warten, und so rief meine Mutter bei einem uns ganz fremden Arzt an. Sonntagabend, so gegen 20.30 Uhr. Er hörte geduldig zu, fragte und hörte noch einmal zu.

Wahrscheinlich verdanke ich diesem Arzt mein Leben. Zumindest verdanke ich ihm den Rat, mich doch ins Krankenhaus zu bringen. Wer weiß, wie lange das Spielchen sonst noch gegangen wäre? Noch in der gleichen Nacht brachten meine Mutter, meine Schwester und eine Freundin mich ins Städtische Krankenhaus.

»Das ist alles nur ein Traum«, sagte ich mir immer wieder. »Morgen wachst du auf, und alles ist in Ordnung.« Ich kann mich an diese Nacht noch sehr gut erinnern. Es war der Anfang eines neuen Lebensabschnitts, der Anfang von Monaten stationärer Behandlung und das Ende des Lebens, wie ich es bis dahin gekannt hatte. Doch das wußte ich damals ja noch nicht.

Die Notaufnahme

Wir mußten in der Notaufnahme eine ganze Weile warten. Vielleicht schlief der Nachtdienst? Wieder diese unbequemen Wartezimmerstühle – ich war aber zu schwach, um beim langen Sitzen die Schmerzen zu beachten. Wir waren die einzigen im Raum. Die Stühle hatten eine so schreckliche Pastell-Pinkfarbe. Warum sehen alle Wartezimmer gleich scheußlich aus?

Endlich kam der Arzt – noch recht jung. Wir erzählten ihm nach und nach alles, was geschehen war. Er nahm Blut ab, legte einen Tropf an – eine Nadel, die in der Vene bleibt, damit man nicht ständig neu stechen muß – und sagte mir, ich solle die Hose runterziehen und mich auf den Bauch legen, damit er meine Wunde ansehen könne. Mein Herz fing an zu klopfen, und die ersten Tränen kämpften sich nach vorn. Mein Bein war für mich wie ein Kind geworden. Da geht niemand mehr dran, nicht ohne Betäubung. Mein Kopf besiegte aber meine Angst, und außerdem konnte ich es ja nicht wagen, einem Arzt zu widersprechen. Ich war doch abhängig von ihm. Und so drehte ich mich um und vertraute ihm.

Es dauerte nicht lange, bis der Arzt eine Pinzette herausgeholt hatte und anfing, an der offenen Wunde zu »picken«. Was er damit erreichen wollte, war mir unklar, denn es wurden keine Untersuchungen gemacht, er stocherte nur ein wenig herum. Das war zuviel für mich. Und die Tränen, die ich mit so viel Mut und Not versucht hatte zu besiegen, gewannen doch. Ich geriet in eine leichte Hysterie und sagte immer nur: »Bitte laß mein Bein in Ruhe!!« Als meine Mutter sich über mich beugte, um mich zu trösten, brüllte der Arzt sie an, sie mache mich nur nervös und solle mich in Ruhe lassen. Meine Mutter ließ sich aber nicht stören und sagte, er solle heute aufhören, an meinem Bein herumzustochern, denn es tue ja schließlich weh. Dem Arzt gefiel es nicht sonderlich, »Anweisungen« zu bekommen, und er wurde noch wütender. Er brachte mich auf die Kinderstation, wo ich allein in einem Zimmer war – natürlich mit meiner Mutter, meiner Schwester und der mitgefahrenen Freundin –, und erklärte, um Mitternacht werde operiert. Damit verließ er das Zimmer.

Was operiert würde, teilte er nicht mit, sondern er schickte einen Narkosearzt, der mich untersuchen sollte. Um 23.00 Uhr kam dieser und sagte, bei meinen Blutwerten werde er keine Narkose verabreichen. Die Operation sei wieder abgeblasen. Ich solle schlafen, am Morgen würden wir weitersehen.

Meine Mutter und meine Schwester blieben noch eine Weile, dann fuhren sie nach Hause, und ich blieb allein zurück und beobachtete die Flasche, aus der langsam, aber stetig die durchsichtige Flüssigkeit – Glukose-Wasser – durch einen Schlauch in meine Vene tropfte. Ich kam mir vor wie im Fernsehen: Solche Flaschen sieht man doch immer in diesen melodramatischen Fernsehspielen. Da haben die Kranken immer so eine Flasche an der Bettseite. Aber wofür diese Dinger gut sind, das weiß niemand. Ich zumindest nicht. Ich wußte nur, daß mein Arm davon sehr kalt wurde.

Wenige Stunden später wachte ich wieder auf und war schockiert zu sehen, daß Blut im Schlauch war. Wo kam das bloß her? Die Flasche war leer. Doch da war Blut im Schlauch, soll das so sein? Ich stand auf und ging auf den

Flur, doch niemand war zu sehen. Darf ich die Schwestern überhaupt stören? Vielleicht lachen sie mich aus, wenn ich mitten in der Nacht so etwas Dummes frage. Also ging ich, wenn auch beunruhigt, zurück ins Bett.

Am Morgen wachte ich früh auf. Die Flasche war gewechselt, und es tropfte wieder eine klare Flüssigkeit in meine Vene. Die Schwester kam und brachte mir Waschzeug. Und so versuchte ich, mich zu waschen. Das stellte sich aber als problematisch heraus. Es ist ja sowieso nicht gerade einfach, sich am Waschbecken mit einem Waschlappen zu waschen, aber noch problematischer ist es, sich mit einer Hand zu waschen.

Ich traute mich nicht, meinen Arm mit der Nadel überhaupt zu bewegen, und kam mir ziemlich blöde vor. Dazu dieser Ständer mit der Flasche dran! Zuerst klemmten die Rollen wie bei einem defekten Einkaufswagen. Sie rollten in alle Richtungen, nur nicht dorthin, wo ich hin wollte. Insgesamt war das eine ziemlich komische Situation, ich mußte über mich selbst schmunzeln. Ich kam mir vor wie bei »Verstehen Sie Spaß?«. Aber dann kam was noch viel Besseres: Wie wechsele ich mein Hemd? Ich hatte ja einen Schlauch vom Arm bis zur Flasche. Wie kriege ich meinen Ärmel ab? Gar nicht.

Ich legte mich wieder ins Bett, und bald darauf kamen meine Mutter und Schwester – Gott sei Dank! Für mich gab es die ganzen acht Monate keinen schöneren Anblick, als wenn meine Mutter das Zimmer betrat – meine Schwester durfte später nicht mehr zu mir, weil sie noch unter fünfzehn war. Sie versuchten, mich zu trösten, waren aber selbst ziemlich untröstlich.

Am frühen Vormittag kam die Visite: ein Professor, der Stationsarzt, Assistenzärzte und zwei Schwestern. Sie waren sehr freundlich, doch bemerkte ich die stummen Blicke, die sie einander immer wieder zuwarfen. Wenigstens wollten sie nichts am Bein machen, das hat mich schon getröstet. Ich wurde geröntgt, getestet, gewogen, und dann machten sie eine Ultraschalluntersuchung von meinem Bauch. Alles wie im Fernsehen. Wie sagt man so schön? »Ich komme mir vor wie in einem falschen Film.« Interessant war es ja, vor allem der Ultraschall. – Vielleicht denken sie gar, ich wäre schwanger? Das war mein erster Gedanke. Ich hörte nur halb zu, wie lateinische Begriffe um mich her schwirrten. Nur wenige Worte konnte ich erkennen: »... Milz vergrößert« »... Leber geschwollen ...« Niemand hielt es für nötig, mir zu erklären, wozu die Untersuchungen waren und vor allem wonach sie suchten. Ich hatte aber viel zu viel Angst, um nachzufragen.

In der Zwischenzeit hatte meine Mutter mit dem Stationsarzt gesprochen, und als ich sie wiedersah, waren ihre Augen rot und verweint. »Was ist denn, Mama? Was ist mit mir?« »Wir wissen es nicht. Du mußt in die Uniklinik. Dort muß man die notwendigen Untersuchungen machen.« Wir fingen beide an zu weinen.

»Werde ich sterben?«

Diese Frage! Warum stellte ich diese Frage? Ich wollte die Antwort nicht hören. Ich wollte wieder nach Hause. Zurück zu meinen Freunden und ins Schwimmbad. So schönes Wetter. Was mache ich überhaupt hier?

»Vielleicht«, antwortete meine Mutter.

Mensch, Mama, du bist doof! Wie kannst du so was sagen? Ich kann doch nicht sterben! So was passiert doch nur in Seifenopern oder in den Nachrichten. Ich habe doch mein

Leben noch vor mir! Ach, Mama, wie kannst du das sagen? Warum kannst du mich nicht in den Arm nehmen und sagen, es wird alles wieder gut?

Das wäre gelogen gewesen – und ich wußte es. Ich hatte eine ehrliche Frage gestellt und wollte eine ehrliche Antwort. Aber ich wollte sie trotzdem nicht hören. So schwer ist es, die Wahrheit zu akzeptieren! Ich schätze meine Mutter, weil sie die einzige war, die mir die Wahrheit und nichts als die Wahrheit sagte, immer. Und jetzt weiß ich: Ohne sie hätte ich es nicht geschafft.

»Es wird alles wieder gut«

Um 13.00 Uhr am Montag, dem 14. Oktober, fuhren meine Schwester, meine Mutter und ich im Krankenwagen in die Uniklinik. Die Fahrt war echt besch...eiden. Vor allem mußte ich pinkeln. Ich dachte, es kommt mir aus den Ohren.

Nach kurzer Zeit schlief ich ein, was mir sehr recht war. Mein Magen drehte sich, und ich hatte Angst, ein panisches Gefühl, als müsse ich aus dem Auto springen und weglaufen. Aber als ich wieder aufwachte, war alles anders: Eine seltsame Ruhe hatte sich in mir verbreitet. Kein Herzklopfen mehr, fast eine Erlösung. Meine Mutter saß an meiner Seite und fragte mich, was ich geträumt hätte. Ich lächelte, nahm ihre Hand und sagte:

»Hab keine Angst, Mama. Ich bin okay. Mache dir keine Sorgen um mich, denn es wird alles wieder gut. Du wirst sehen.«

Ich glaubte jedes Wort, was ich sagte, und war zufrieden

und glücklich. Es ist im nachhinein schwer zu erklären, was da in mir vor sich gegangen ist. Eine seltsame Wärme, wie wenn man an einem kalten Tag in eine Badewanne steigt. Ich bin nicht gläubig, zumindest nicht was Kirche und Bibel betrifft. Aber durch meine Krankheit habe ich es geschafft, mir einen eigenen Glauben aufzubauen. Und dafür war diese Situation ein Schlüsselerlebnis, das ich nie vergessen werde. Ich schlief wieder ein und wachte erst auf, als wir angekommen waren.

Meine Schwester hielt meine linke Hand und meine Mutter die rechte, als ich auf die Station gebracht wurde. Meine Schwester, die die ganze Zeit dabeigewesen war, wurde aber von der Stationsschwester rausgeschmissen: »Du bist zu jung, du darfst nicht hier rein.« Die Augen meiner Schwester füllten sich mit Tränen und meine auch. Ich nahm sie aber nochmals in den Arm und sagte mit fester Stimme: »Mach dir keine Sorgen. Du mußt draußen warten. Ich liebe dich ganz doll. Vergiß das nicht.« Ich hatte Angst, es könnte das letzte Mal gewesen sein, daß ich meine Schwester sehen würde – ziemlich schwer zu glauben, daß wir heute streiten ...

Mein erster Eindruck von der Station war also nicht gerade erfreulich: Wenn sie hier schon so grob mit meiner Schwester umgehen ...! Aber dann beugte sich ein hübsches Gesicht über mich und sagte mit strahlendem Lächeln, daß sie Schwester Lisa sei. Ein Lichtblick. So blieb es auch für sieben Monate, sie war immer mein Lichtblick, immer freundlich, immer fürsorglich. Doch das wußte ich ja am ersten Tag noch nicht.

Ich wurde ins Untersuchungszimmer gebracht, und alles fing nochmals von vorne an: die gleichen Fragen, die gleichen Untersuchungen. Ich fragte mich: Wozu das alles? So Sachen wie: mit geschlossenen Augen die Nase mit beiden Zeigefingern berühren. Ich faßte vorbei und bekam wahnsinnige Angst. Was ist, wenn ich was im Kopf habe? Was ist, wenn ich verrückt werde? Kaum einer sprach mit mir. Sie sprachen nur miteinander in der typischen »Arztsprache«, warfen sich Blicke zu, schüttelten den Kopf. Sie sagten, sie müßten weitere Untersuchungen machen, die aber erst später durchgeführt werden könnten. Und so wurde ich in mein neues Zimmer gebracht.

Mir stockte der Atem, als ich ins Zimmer reingerollt wurde. Jetzt bist du wirklich verrückt, Mavi, dachte ich. Ich hatte viel über Krebs gelesen, jedoch alles Theoretische nützt gar nichts. Ich teilte das Zimmer mit der fünfjährigen Kathrin, die eine Glatze hatte, und mit Jessica, die ebenfalls keine Haare hatte und in einem Bett lag, das Wände rundherum hatte. Sie war ungefähr so alt wie ich. Warum war sie eingesperrt? Damit sie nicht rauskonnte? Sperren sie mich auch ein? Erst später erfuhr ich von ihrer Mutter, daß das nur so war, damit sie nicht rausfallen konnte.

Bald darauf mußte meine Mutter mich verlassen, da meine Schwester ja alleine draußen saß. Nun war ich allein – mit einer Dreizehnjährigen hinter Gittern und einer Fünfjährigen, die dauernd quengelte. Niemand sprach mit mir. Mein Kopf schmerzte, weil ich mit aller Gewalt versuchte, die Tränen zurückzuhalten. Ich weine sehr ungern vor anderen. Ich drehte mich auf die Seite, zog die Decke über meinen Kopf und schlief ein.

Meine Mutter kam sehr früh am nächsten Morgen – wir hatten noch gar nicht gefrühstückt. Am Vormittag wurde die berüchtigte Untersuchung durchgeführt: eine Knochenmarkpunktion. Dabei wird aus dem Beckenknochen, dem Hüftknochen oder dem Brustbein mit einer langen Nadel Knochenmark aufgesaugt. Es gibt verschiedene Methoden, wie man das macht, ob mit oder ohne Betäubung. Ich bekam erst einmal ein Schlafmittel, dann ein Betäubungsmittel, und schließlich wurde die eigentliche Untersuchung durchgeführt. Ich bekam jedoch trotzdem alles mit, wenn ich auch glaubte, es sei ein Traum. Es tat sehr weh, und der Arzt mußte sich mit aller Kraft auf die Nadel stemmen, damit sie in den Knochen kam. Ich fragte mich noch im Halbschlaf, ob sie mich durch den Tisch drücken wollten. Meine Mutter war die ganze Zeit dabei und hielt meine Hand.

Diagnose Leukämie

Am nächsten Tag sagten sie uns das Ergebnis: Leukämie. Und am Tag darauf sagten sie, welcher Art: AML – akute myeloblastische Leukämie. Leukämie, das ist Blutkrebs, das heißt, die Krebszellen befinden sich im Knochenmark, das Blut produziert. Diese Krebszellen können auch »auswandern« und sich irgendwo im Körper ansammeln, bei mir zum Beispiel im Oberschenkel. Das nennt man dann leukämisches Infiltrat.

Das Knochenmark produziert die drei verschiedenen Zellen des Blutes: Erythrozyten, die das Blut rot färben. Sie transportieren den Sauerstoff in alle Organe. Leukozyten, die Entzündungen bekämpfen, und Thrombozyten, die zum Beispiel helfen, eine Blutung zu stillen, wenn man sich verletzt hat.

Bei Leukämie vermehrt sich eine bestimmte Gruppe der Leukozyten zu schnell. Diese Zellen können gar nicht erst auswachsen, um ihre Aufgaben zu erfüllen. Ich habe sie mir immer als Babyzellen vorgestellt, arme hilflose Zellen, die sich nicht mehr unter Kontrolle haben. Aber seit wann sind Babys so gefährlich? Das Problem liegt darin: Wenn es so viele nicht ausgereifte Zellen im Knochenmark gibt, werden die anderen erwachsenen Zellen weggedrängt. Für sie gibt es dann einfach keinen Platz mehr, und dadurch kommen die Symptome: Blässe, blaue Flecken, häufige Infekte. Chemotherapie – das sind Gifte, die Zellen, die sich schnell vermehren, töten. Und da die Leukämiezellen sich sehr schnell teilen, werden sie von der Chemo angegriffen. Aber ganz so einfach ist es auch wieder nicht, sonst wäre Leukämie nicht so gefährlich. Die Leukämiezellen sind nämlich ziemlich gewitzt. Manche hören einfach eine Zeitlang auf, sich zu teilen. So können sie von der Chemo gar nicht erst angegriffen werden! Sie warten ab, bis die Luft wieder rein ist, und fangen dann von vorne an.

Dazu kommt das Problem, daß Leukämiezellen ja nicht die einzigen sind, die sich schnell teilen. Die Thrombozyten, Erythrozyten und natürlich die gesunden Leukozyten teilen sich ja auch recht schnell, also werden sie von der Chemo auch angegriffen, obwohl sie gesund sind. Deshalb verabreicht man während der Therapie Thrombozyten und Blutpräparate, die Erythrozyten enthalten, sonst würde der Körper die Strapazen der Chemo gar nicht überstehen! Leukozyten kann man leider nicht zusätzlich geben, das würde gegen das Prinzip der Chemotherapie arbeiten, nämlich die Leukozyten auf ein absolutes Minimum zu bringen, um auch die Zahl der erkrankten Zellen zu vermindern. Dabei nimmt man in Kauf, daß der Körper besonders anfällig für Infektionen wird. Angegriffen werden durch die Chemotherapie genauso die Haare, die Mund- und die Magenschleimhaut und viele andere sich schnell teilende Zellen. Die Haare fallen daher aus, und die Mundschleimhäute werden so sehr angegriffen, daß man manchmal kaum schlucken kann.

Für jeden Patienten wird ein Behandlungsplan mit den verschiedenen Medikamenten und Mengen ausgeklügelt – je nach Art der Krankheit, nach Größe und Alter. Zu mir sagte man, über 95 Prozent meines Knochenmarks bestünden aus Leukämiezellen, und dementsprechend müßten sie jetzt agieren. Zu meiner Mutter sagten sie, es werde wahrscheinlich nichts mehr nützen.

Meine Mutter teilte mir die Diagnose mit. Es war schon dunkel, und wir gingen im Park spazieren. Für mich war die Diagnose nicht überraschend, was für sie nur schwer verständlich war. Es flossen keine Tränen, weder aus Trauer noch aus Wut. Ich glaube, ich empfand ganz einfach, daß die Krankheit eine neue Aufgabe war.

Ich habe mich noch nie gefragt: »Warum ich?« Was bringt es auch? Die Krankheit ist jetzt da – hier und in Zukunft. Da hilft Vergangenheit oder einfach das »Vorherige« nicht mehr viel. Zu diesem Zeitpunkt habe ich noch an Gott geglaubt, so wie er uns in der Kirche geboten wird, obwohl ich nie in die Kirche gegangen bin. Ich sagte mir: »Hey, wach auf! Irgend etwas machst du verkehrt. Irgend etwas mußt du ändern, und das soll durch diese Krankheit passieren. Gott hat sie dir gegeben, und er wird dir helfen, das Richtige zu tun – was aber noch lange nicht heißt, am Leben zu bleiben.«

Inzwischen hat sich mein Denken gewaltig geändert, aber das kam erst zu einem späteren Zeitpunkt. Nur eins hatte ich noch nie: Angst vor dem Sterben. Ich habe auch mit meiner Mutter darüber gesprochen, sehr oft. Der Tod ist und war für mich immer ein Bestandteil des Lebens, nichts, wovor man sich fürchten müßte. Für mich ist das Sterben irgendwie »egoistisch«. Ich gehe wer weiß wohin, und die anderen müssen zurückbleiben und sehen, was sie damit anfangen. Niemand hat ja Kontrolle darüber, ob und wann er stirbt. Und doch ist das Sterben ein Teil des Lebens.

Intensiv-Therapie

Am 17.10.1991 fing für mich die erste Intensivphase der Chemo an. Am folgenden Tag bekam ich meine erste Lumbalpunktion. Dabei wird untersucht, ob sich Krebszellen im Gehirn oder im Rückenmark abgesetzt haben. Eine lange Nadel wird zwischen zwei Wirbel gesetzt, weit unten, wo keine Nerven verletzt werden können. Es wird Liquor abgenommen – das ist die klare Flüssigkeit, die im Lumbalsack vorhanden ist –, um sie auf Leukämiezellen zu untersuchen. Mit derselben Nadel kann man auch Medikamente injizieren, die dann direkt in den Liquor und damit in das Gehirn gehen. Damit verhindert man die Verbreitung der Krebszellen ins Gehirn.

Kürzlich habe ich ein Lehrbuch über Leukämie gelesen. Da werden auch die verschiedenen Untersuchungen beschrieben. Es hat mich ziemlich aufgeregt, daß sie dort geschrieben haben, eine Lumbalpunktion – kurz L.P. genannt – tue nicht weh. Einfach so! Das Buch ist von Ärzten geschrieben worden, die diese Untersuchung bestimmt nie am eigenen Leibe erfahren haben. Wie können sie einfach behaupten, L.P. würde nicht weh tun? Schmerz ist eine sehr subjektive Sache. Was den einen in Tränen versetzt, verursacht beim anderen nicht einmal ein leichtes »Aua«. Schmerz braucht physisch nicht spürbar zu sein, er kann auch im Kopf ablaufen, was nicht weniger schlimm ist.

Ich definiere Angst als eine Form von Schmerz, einen psychischen Schmerz. Was ich fühle, was ich denke, sind zwei verschiedene Sachen, jedoch beeinflussen sie sich gegenseitig. Ich denke, ich habe Schmerzen, ich habe Angst, und bald fühle ich diese Angst in meinem Körper, definiert als Schmerz. Angst kann ein Auslöser von Schmerzen sein, also muß man eine Situation ohne Angst schaffen. Ein Arzt braucht sehr viel Feingefühl, um auf die Bedürfnisse jedes einzelnen Patienten eingehen zu können. Ich habe aber in der ganzen Zeit in jener Uniklinik keinen Arzt erlebt, der bereit war, die Zeit und die Geduld dafür aufzubringen.

Die L.P. war für mich eine dramatische Sache. Beim Frühstück wurde mir gesagt, daß ich irgendwann im Laufe des Vormittags eine L.P. haben würde. Ich solle nicht zu viel essen oder trinken, damit ich mich nicht übergeben müsse. Und so lag ich im Bett und wartete. In meinem Kopf begann sich die Angst aufzubauen, und ich kämpfte dagegen an, daß sie überhand nahm. Ich ging nochmals auf die Toilette, denn nach der L.P. durfte ich 24 Stunden lang nicht aufstehen, mich nicht aufrichten. »Ganz flach liegen, sonst kriegst du Kopfschmerzen und Übelkeit. Nicht bewegen«, sagte mir die Schwester von der Frühschicht, und die Schwester von der Nachtschicht motzte mich an, als ich klingelte, weil ich auf die Toilette mußte und ja nicht aufstehen durfte. »Du bist nur zu faul, um aufzustehen.« Aber es war nicht Faulheit, sondern Angst, Angst vor Schmerzen. Mir war gesagt worden, wenn ich mich aufrichtete, würde ich Schmerzen bekommen, und bei mir gingen alle Alarmlampen im Kopf an: Bloß nicht aufstehen! Heute weiß ich, daß es nicht unbedingt so sein muß. Wenn man sich wohl fühlt, kann man schon eher aufstehen, außer man hat auch gleichzeitig mit der L.P. Medikamente für das Zentralnervensystem – ZNS – bekommen. Die brauchen eine Weile, um sich im Gehirn zu verteilen.

Bei der Punktion wurde ich festgehalten. Ich lag auf der Seite, Beine angezogen, Rundrücken – wie ein Baby. Zwei Schwestern hielten mich fest wie einen Irren. »Nicht bewegen, bleibst du still? Wir halten dich lieber fest …« Dabei war ich ruhig. Ich konzentrierte mich auf meine Atmung und kämpfte gegen dieses Monster namens Angst. Ich überlegte, welche Stunde meine Klassenkameraden jetzt ertragen mußten und was es wohl zum Mittagessen geben würde – alles fröhliche Gedanken, und dabei entspannte ich mich. Aber es blieb dieser Schmerz, zu wissen, daß die Nadel sich zwischen meinen Wirbeln befindet. Dieses Zieh-Gefühl, wenn die Flüssigkeit abgesaugt wird. Das heftige Herzklopfen, als der Arzt sagte, es habe nicht geklappt. Noch einmal von vorne. Ach, ja – und danach wurde ich ins Bett getragen, vom Arzt persönlich! Das einzige Mal, daß er mich anfaßte, ohne eine Untersuchung zu machen! Es gab also doch Positives an dieser L.P. Für winzige Sekunden fühlte ich mich als Mensch behandelt, wie ein Kind, das man ins Bett bringt, damit es keine Schmerzen hat. Wenige Sekunden in einem Zeitraum von über acht Monaten! – Ich lernte, mich mit wenig zufriedenzugeben.

Isolation

Die erste Phase der Therapie war sehr hart, und bald machten sich die ersten Nebenwirkungen bemerkbar. Meine Leukozyten* fielen auf 800 – normal ist zwischen 4000 und 10 000 –, und ich mußte in das »Schleusenzimmer«, damit ich keinen Infekt bekam. In diesem Zimmer lag ich allein. Wer reinkam, mußte einen Mundschutz tragen und sich davor die Hände desinfizieren. Ich durfte nicht raus und auch nicht das Fenster öffnen. Das einzige, was mich mit der Außenwelt verband und eine Möglichkeit der Kommunikation gab, war meine Klingel – diese geliebte, lebenswichtige Klingel. Wenn die Flasche leer war, klingelte ich, sonst ging die Vene zu, und man hätte neu stechen müssen.

Zu der Zeit hatte ich keine Toilette im Zimmer und mußte immer auf die Bettpfanne, was für mich wahnsinnig degradierend war. Ich war dreizehn – ein schwieriges Alter. Aber ich war schon immer scheu gewesen, so daß meine Mutter mich schon seit Jahren nicht mehr nackt gesehen hatte. Und nun mußte ich mich vor wildfremden Menschen ausziehen! Diese Situation war für mich fast schmerzlicher als die Schmerzen. Ich kam mir wahnsinnig ausgeliefert und hilflos vor. Wenn ich auf die Toilette mußte und meine

---

* Leukozyten: weiße Blutkörperchen, die für das Abwehren von Krankheitserregern zuständig sind.

Mutter nicht da war, mußte ich warten, bis eine Schwester Zeit für mich hatte.

Ich kann mich noch genau an eine Schwester erinnern. Sie war um die fünfzig, lang, dünn, exakt frisiert und wahnsinnig geschminkt. Am schlimmsten aber war ihr Reinlichkeitsfimmel. Der war wirklich schon krankhaft. Sie wollte mir sogar mein einziges Kuscheltier wegnehmen, weil zu viele Bakterien drin sein könnten. Jeden Morgen begrüßte sie mich mit den Worten: »Bei dir sieht es ja mal wieder aus wie im Saustall.« Dabei sah das Zimmer nicht anders aus als am Tag zuvor, denn zu der Zeit konnte ich ja nicht aufstehen, ich war einfach zu schwach. Die Chemo griff meinen Magen an, denn die Schleimhaut löste sich ab, eine krampfhafte Prozedur, die eine Woche Durchfall bedeutete. Jeder, der schon mal Durchfall hatte, weiß: Wenn man muß, muß man genau dann. Aber nun lag ich allein im Zimmer – die Mama war noch nicht da. Plötzlich wurde ich von schrecklichen Schmerzen überfallen, mein Magen drehte sich. Ich klingelte sofort meine geliebte Klingel und wartete. Ich starrte auf die Tür, auf die Lampe, die rot aufleuchtete. Wo blieben sie? Warum kam niemand? Ich kniff mit aller Kraft die Pobacken zusammen. Panik breitete sich in mir aus: Ich durfte doch nicht ins Bett machen! Ich war doch dreizehn Jahre alt. Hilfe! Ich heulte, was die Lage nicht gerade erleichterte. Warum kam niemand? Durch die Glastür sah ich, wie Leute vorbeihuschten, aber niemand kam zu mir. Ich konnte nicht aufstehen und nicht mehr als klingeln. Ich fühlte mich allein wie noch nie in meinem Leben. Mein Magen gewann den Kampf – und alles war im Bett. Meine Gefühle werde ich nie vergessen. Absoluter Ekel vor mir selbst. Ich bedauerte mich und schämte mich schrecklich. Wenn mich damals jemand gefragt hätte, was ich wünschte, hätte ich nur »sterben« gesagt. Ich heulte und lag in meinem eigenen Dreck.

Endlich, nach fünfzehn unendlich langen Minuten, kam eine Schwester. Aber nicht irgendeine Schwester, sondern natürlich die Schwester mit dem Reinlichkeitstick. »Nun sitzt du tatsächlich in der Scheiße«, dachte ich verzweifelt. Zu meinem gebrochenen Stolz bekam ich nun auch noch ein schlechtes Gewissen eingeredet: Ich sei ja schließlich dreizehn, da müsse man sich beherrschen können, egal, was für eine Krankheit man habe. Ich solle mir vorstellen, wie viele Bakterien sich jetzt in meinem Raum verbreitet hätten. Nun müsse sie das ganze Zimmer von neuem desinfizieren, und ich sei schuld!

Daraufhin zog ich mich zurück. Ich redete nur noch mit meiner Mutter und ließ meine Krämpfe und die Bettpfanne gefühllos über mich ergehen. Von da an ging es psychisch bergab.

Unglaublich – aber wahr

Während der Therapie hatte ich zwei besonders einschneidende Erlebnisse, die auf ihre Art jeweils eine Wende für mich darstellten. Das erste nenne ich ein Todeserlebnis, denn ich war mir sicher, meine letzte Stunde habe geschlagen. Wenige Tage nach dem Erlebnis mit der Klingel passierte es mir zum ersten Mal. Es fällt mir schwer, darüber zu reden, denn die wenigsten glauben mir. Ich komme mir dann immer vor wie in der Sendung »Unglaublich – aber wahr«, wo die Leute von Außerirdischen und Ungeheuern berichten. Man hört es sich gern aus Neugier an, aber glauben tut man es noch lange nicht.

Ich wachte mit abartigen Kopfschmerzen auf, als würden Ratten auf meinen Synapsen herumkauen. Wenn ich die Augen zumachte, bildete ich mir sogar ein, sie zu sehen. Wenn man nur das Bett höher stellte, wurde es mir schon schlecht. Ausgerechnet an diesem Morgen entschieden die Ärzte, es müsse ein EEG gemacht werden – da werden Gehirnströme gemessen. Es war noch recht früh am Vormittag, und die Mama war noch nicht da. Ich sagte, ich müsse vorher nochmals auf die Toilette, worauf die Schwester mit dem Reinlichkeitsfimmel meinte, es sei an der Zeit, daß ich selbst aufstünde. Ich bettelte, daß sie die Bettpfanne holen möge. Sie weigerte sich und hob mich aus dem Bett auf die Füße. Mir wurde es schwarz vor den Augen, was sich aber dann legte. Sie stützte mich, und ich ging langsam der Toilette entgegen. Ich wußte nicht, was schlimmer war: die Kopfschmerzen, mein Herzrasen oder meine Blase. Bis zur Toilette schaffte ich es, aber auf dem Rückweg rebellierte mein Körper. Sie hoben mich vom Boden auf die Liege und sagten, ich müsse zum EEG, sonst käme ich zu spät. Ich hörte schon gar nicht mehr zu und kann mich nur noch dunkel daran erinnern, wie auf meinem Schädel Kabel befestigt wurden. Ich bekam alles nur noch durch einen Schmerzschleier mit: die blinkenden Lichter, Augen zu, Augen auf. Ich wartete nur noch darauf, wieder ins Bett zu können. Als mir dieser Wunsch endlich gewährt wurde, verkroch ich mich unter meiner Decke. Meine Mutter saß neben meinem Bett und streichelte meine Hand.

Auf einmal fühlte ich mich trotz meiner geschlossenen Augen unendlich müde, als müsse ich meinen Körper noch mehr entlasten, als ich schon tat, wie ein Läufer, der den ganzen Tag in der prallen Sonne gelaufen ist und nur noch schlafen möchte. Die Müdigkeit, die ich fühlte, massierte meinen Körper – ein herrliches Gefühl. Meine Kopfschmerzen waren vergessen, und ich empfand nur noch ein Gefühl der Wärme in mir. Ich versuchte, an meine Hände zu denken, was mir aber nicht gelang. Ich spürte meinen Körper nicht mehr, nur noch mich selbst. Ich hatte das Gefühl zu fliegen und hörte nur noch vage, wie Schwestern, Ärzte und sogar der Herr Professor sich um mich versammelten. Aber ich hörte nicht mehr hin. Ich wollte mich einfach aufgeben.

Was ich aber nicht tat. Noch nie war mir etwas schwerer gefallen, als in diesem Augenblick meine Augen zu öffnen. Es kostete Kraft und Überwindung, aber als ich in die Augen meiner Mutter blickte, war es für mich die Bestätigung, daß meine Anstrengungen sich gelohnt hatten.

Was von den Ärzten als »schwerer Kreislaufkollaps« bezeichnet wurde, ist für mich eine wichtige Erfahrung gewesen. Mir wurde bewußt, daß ich zu meiner Genesung beitragen konnte. Ich konnte mir selbst helfen. Ich fing an, Autogenes Training zu machen. Vor dem Schlafengehen stellte ich mir vor, alle Krebszellen mit einem Besen aus meinem Körper zu fegen. Ich fegte und fegte, bis ich einen riesigen Haufen Zellen hätte, die ich dann auf den Mond brachte und dort vergrub. Als die schlechten Zellen weg waren, konzentrierte ich mich auf die gesunden. Ich sah zuerst nur eine Zelle – weiß und rund. Und dann – langsam, aber sicher – teilte sie sich. Schritt für Schritt. Nun hatte ich zwei Zellen. Diese teilten sich auch wieder in der gleichen Weise wie die erste. Und so ging es immer weiter, bis ich einschlief. Ich erhoffte mir davon, daß meine Leukos zunahmen, damit ich endlich aus dem Zimmer durfte. Tatsächlich: Manchmal stiegen sie. Ein andermal änderten sie sich nicht, und manchmal fielen sie sogar wieder. Das machte mir aber nichts aus, da ich voller Optimismus war. Wenn sie gefallen waren, sagte ich mir einfach, daß sie noch viel mehr gefallen wären, wenn ich sie nicht ermuntert hätte. Ich war mir immer klar darüber, daß ich nicht alles machen konnte. Es gab für mich feine Grenzen zwischen dem, was ich bewirken konnte, und dem, was mein Körper sowieso machte. Ich sagte dann zu mir selbst: »Okay, Körper, ich weiß, du willst die Leukos wieder fallen lassen, was ich auch verstehen kann bei den Medikamenten, aber ich werde es nicht zulassen, daß du aufgibst. Ein paar Leukos werden dagegen ankämpfen, und anstatt auf 500 zu fallen, werden sie nur auf 700 fallen.« Ich setzte Hoffnung auf die Tatsache, daß wenigstens einer mich nicht aufgeben würde: ich selbst.

Stations-Alltag

Nach zwei Wochen kam ich aus der Isolation raus und wieder zu Jessica und Kathrin, und nun lernte ich den Klinikalltag kennen. Ich war wie alle anderen – ohne Haare, offener Mund, Nierenschale neben dem Bett – für die plagende Übelkeit. Aber man gewöhnt sich daran. Jessica konnte leider nicht sprechen, aber dafür hielt mich die fünfjährige Kathrin auf Trab. Nachdem sie ihre Anfangsscheu abgelegt hatte, wurde sie mir manchmal fast zur Plage, was ich aber genoß. Sie erzählte den ganzen Tag die wildesten Geschichten. Ich werde diese Stimme nie vergessen: ganz fein, und sie lispelte, was genau zu ihrem Sprechen paßte. Ich weiß noch genau, wie sie geweint hat, als die Schwester mit dem Reinlichkeitsfimmel zu ihr sagte, sie solle gefälligst anfangen, normal zu sprechen, so könne sie nicht in die Schule gehen. O Mann, hatte ich damals eine Wut! So was Gemeines! Manchmal nachts, wenn sie ihre Mutter vermißte, kam Kathrin samt Kabel und Ständer zu mir ins Bett, und ich hielt sie, worauf ich aber von der berühmten Schwester jedesmal einen Vortrag bekam, wie unhygienisch das sei. Ich tat es trotzdem. Ja, ja, man rächt sich im kleinen …

Um sieben Uhr morgens wurden wir geweckt, mal freundlich, mal weniger freundlich. Dann hieß es waschen – wenn man aufstehen konnte, am Waschbecken, wenn nicht, im Bett. Was habe ich mich nach einer heißen Dusche gesehnt. Ich durfte wegen meiner Thrombose nie baden. Dieses ewige Rumgefummel mit dem Waschlappen nervte mich bis zum Gehtnichtmehr, vor allem, wenn ich nicht aufstehen konnte und gewaschen wurde. Ab und zu kam noch das alte Schamgefühl auf, aber keiner nahm darauf Rücksicht. Na ja, dachte ich, wenn das erst mal vorbei ist, sprühe ich mich mit Kölnisch Wasser ein. Heute kann ich das Zeug nicht mehr riechen.

Anschließend wurden das Bettzeug gewechselt, Blut abgenommen und die jeweiligen Medikamente gegeben. Und dann kam das Frühstück. Je nachdem, wie es mit meiner Verdauung ging – Durchfall oder Verstopfung –, aß ich Brötchen mit Honig oder Nutella – eigentlich lächerlich, aber es wurde zur Routine. Während der Chemo nahm ich nie viel Gewicht ab. Wenn es mir ganz schlecht ging, aß ich manchmal eine Woche lang absolut nichts, dafür fraß ich aber wie ein Raubtier, wenn es mir gut ging. Und so kam es gar nicht so selten vor, daß ich mal drei Brötchen und dazu noch Corn-flakes zum Frühstück aß. Heute denke ich sogar mit etwas Wehmut an die Zeit zurück, als ich so viel essen durfte, wie ich wollte, heute, wenn ich mal verzweifelt versuche, ein bis zwei Kilo abzunehmen – wie sich die Prioritäten ändern!

Nach dem Frühstück kam mein Sonnenschein: meine Mutter. Immer lächelnd, immer mit einem riesigen Korb dabei voller Briefe und Geschenke und natürlich Essen. Am Anfang bekam ich Unmengen an Post von Leuten, die ich kannte oder nicht kannte. Mit der Zeit blieb nur noch der harte Kern – Freunde fürs Leben.

Auf meiner Station gab es auch zwei »Spielzimmerfrauen«, eine Lehrerin und meine »Lieblingsperson«, den Psychologen. Wenn ich einen Preis verleihen dürfte für den »nervösesten Menschen des Jahres«, würde gewiß er ihn bekommen. Dieser »Mensch« – ob er einer war, erschien mir ungewiß – brauchte eigentlich selber Hilfe, dringend. Unser erstes Gespräch verlief so:

Er: »Na, Mavi, wie geht's dir?«

Minuspunkt Nummer eins, dies ist die meistgehaßte Frage unter den Krebspatienten. Mir war es übel, ich hatte Bauchschmerzen, leichtes Fieber, Angst. Was sollte ich schon antworten?

Ich: »Gut.«

Das sagt man ja so.

Er: »Du siehst aber schlecht aus. Warum machst du dich nicht mal hübsch für uns?«

Toll! Ich hatte keine Haare, Ausschlag im Gesicht, eine Rie-
senwunde am Bein, und mein Mund war voller Blasen.
Warum, zum Teufel, sollte ich mich hübsch machen? Das
war das letzte, was mir in den Kopf kam!

Ich: »Nein.«

Er: »Siehst du, du bist eitel – wie alle in deinem Alter. Das
ist bewiesen. Warum bist du bloß so eitel?«

Darüber mußte ich erst einmal nachdenken. Wieso kam er
jetzt darauf? Eitel? Weil ich mich im Krankenhaus nicht
schminkte? Vielleicht hatte ich nicht genug Hirnwindun-
gen, um diese Logik zu kapieren.

Als er darüber unbedingt eine Diskussion anfangen wollte,
sagte ich, ich sei zu müde. Mit anderen Worten: »Hau ab!«
Er kam aber immer wieder – wie eine Erkältung bei nassen
Füßen. Unglaublich. Dabei wollte er nur das eine: Fragebogen, Fragebogen ... Der gute Herr schrieb nämlich zur
Zeit seine Doktorarbeit über die Ängste von jugendlichen
Krebspatienten. Das große Pech war nur, daß niemand seine blöden Fragen beantworten wollte. Er kam immer und
immer wieder. Und jedesmal fragte er mich: »Willst du
nicht doch mitmachen?« Schließlich sagte ich zu, in der
Hoffnung, er werde mich danach in Ruhe lassen, und auch
ein bißchen aus Mitleid für dieses aufgeschwemmte Etwas
hinter der Hornbrille.

Als ich die Hälfte seiner blöden Fragen beantwortet hatte,
kam ich wieder in Isolation. Ich hatte keine Lust mehr auf
seine Fragen. Von da an kam er mittags immer um die gleiche Zeit, beobachtete mich beim Essen und sagte kein
Wort, aber nur, wenn meine Mutter nicht da war. Ich durfte ja nicht raus und konnte vor diesem glotzenden Menschen nicht flüchten. Irgendwann hat es mir gereicht. Ich

sagte, ich wolle ihn nicht wiedersehen. Sollte er nochmals mein Zimmer betreten, würde ich einen Schreikrampf bekommen. Zwei Tage später bekam ich einen Brief von ihm. Rührend – auf Mitleidstour – und ganz nebenbei: ob ich nicht doch noch die Fragen fertig machen wolle. Aber ich sah ihn – Gott sei Dank! – nie wieder. Er hat bei mir eine Narbe hinterlassen. Wenn ich heute das Wort »Psychologe« höre, ergreife ich erst einmal die Flucht.

Mit der Lehrerin machte ich eine Zeitlang Mathe – bis ich eines Tages mal keine Lust hatte. Da ist sie beleidigt abgezogen und hat sich geweigert, noch irgend etwas mit mir zu machen, bis ich mich entschuldigt hätte. Ich sah nicht ein, warum ich das sollte, und lernte allein weiter. Als die Therapie vorüber war, bin ich noch zweieinhalb Monate in die Schule gegangen, habe alle Arbeiten mitgeschrieben und bin mit einem Durchschnitt von 2,4 versetzt worden. Alles in eigener Leistung.

Das Spielzimmer war auch nicht ganz mein Fall. Welche Dreizehnjährige will schon mit Barbiepuppen spielen? Ich konnte dort nur Gipsmasken und Seidentücher bemalen. Doch nachdem ich eine Maske, fünf Tücher und x Weihnachtskarten bemalt hatte, verging mir auch dazu die Lust. Und die zwei Betreuerinnen wußten auch nichts mit mir anzufangen. Sie waren nur kleine Kinder gewohnt, die man leichter unterhalten kann. So war ich ziemlich auf mich gestellt und mußte mich selbst beschäftigen, besonders in den Zeiten, wo ich in Isolation war – mein Rekord: vier Wochen! Außer meiner Mutter kam dann niemand, nur eine Schwester, die morgens Frühstück brachte, Temperatur und Puls maß, eine andere, die das Mittagessen brachte und das Frühstücksgeschirr abräumte, und natürlich eine dritte, die das Abendbrot brachte und das Mittagsgeschirr abräumte. Das Abendbrot-Tablett wurde von der Nachtschicht weggebracht. Sonst sah ich nur jemanden, wenn Medikamente gegeben wurden, wenn Temperatur gemessen wurde und wenn ich mal klingelte, weil ich zum Beispiel Tee wollte.

Aber mit dem Klingeln war das immer so eine Sache. Manchmal wurde ich übersehen oder vergessen und wartete vergeblich. Ich kann mich an ein typisches Beispiel erinnern: Ich klingelte kurz vor der Abendübergabe und fragte nach etwas zu trinken. Ich solle warten, die nächste Schicht werde es bringen. Nur leider vergaßen sie, der nächsten Schicht meinen Wunsch mitzuteilen. Nach eineinhalb Stunden klingelte ich nochmals. Ich solle bitte warten, sie machten gerade den Durchgang. Nach einer weiteren Stunde schlief ich ein und wurde erst von der Nachtschicht wieder aufgeweckt, die um 3.00 Uhr früh Fieber maß. Ich hatte immer noch nichts zu trinken. Solche Sachen passierten mir öfters. Ein saublödes Gefühl: Man kann sich selbst nicht helfen, bekommt von den anderen aber auch keine Hilfe! Es ist schlimm genug, »eingesperrt« zu sein, aber noch viel schlimmer ist es, sich verlassen zu fühlen.

Acht Monate Klinikaufenthalt

Ich habe mich schon gefragt, wie ich die Schmerzen ausgehalten habe und ob ich nie aufgeben wollte. Ich wollte nie wegen der Schmerzen aufgeben, sondern nur wegen der Angst. Meine größte Angst: der Tropf!

Dafür wird eine Kanüle in die Vene am Arm, an der Hand oder am Fuß gelegt, manchmal auch am Kopf. Durch diese Kanüle wird Blut entnommen und die Chemo in die Vene ge»tropft«. So ein Tropf hält aber nicht ewig – bei mir durchschnittlich eine Woche. Das bedeutet: Mal hielt er nur wenige Stunden und einmal sogar drei Wochen lang. Ein Tropf geht »kaputt«, wenn zum Beispiel nichts mehr in die Vene reinläuft. Dann wird die Kanüle entfernt und woanders neu eingestochen. Ich hatte 24 Stunden am Tag Flüssigkeiten laufen, außer Chemo auch Glukosewasser. Wenn eine Flasche leer war, wurde sie abgehängt und eine neue drangehängt. Wenn eine Flasche zu lange leer ist, geht der Tropf kaputt. Ich hatte aber über 30 Tröpfe … (Schau dir einmal deine Venen an und stell dir vor, daß dort 30 Nadeln voll funktionsfähig untergebracht werden sollen!) So ist es nicht schwer zu verstehen, daß nach geraumer Zeit die Suche nach einer Vene immer schwerer wurde: suchen, wühlen, puhlen, rausnehmen. Ich entwickelte eine panische Angst davor. Ich hütete meinen jeweiligen Tropf wie ein Kind, bekam Anfälle, wenn jemand daran stieß, denn dadurch konnte er auch kaputtgehen. Ich beobachtete meine Flaschen und konnte nachts nicht schlafen vor Angst, die Flasche könnte leer werden und der Tropf kaputtgehen. Und so passierte es mir auch einmal, daß die Flasche leer war und ich klingelte. Ich wartete und wartete. Nach einer Dreiviertelstunde kam eine Schwester. Der Tropf war zu. Neues Suchen, Stechen, Puhlen. Während der gesamten Therapie hatte ich davor am meisten Angst.

Die Visite

Am Vormittag war Visite. Manchmal war sogar der Professor dabei. Vor dem Professor hatte ich immer Ehrfurcht. Er war ein langer Mann mit einem weißen Kittel und grauen Haaren, sprach selten mit mir und gab uns allen deutlich zu verstehen, daß wir abhängig waren von ihm. Er hatte die Medikamente – man mußte einfach darauf vertrauen, daß er das Richtige tat.

Nach der Intensivtherapie habe ich die Klinik gewechselt und erfahren, daß es auch anders geht. Es gibt auch Kliniken, wo man als Mensch behandelt wird und nicht nur Patient Typ A oder B oder C ist. Das war der große Fehler der ersten Klinik, auch der Fehler des Psychologen. Alle waren nur an Statistik interessiert, an Kategorien, Prozentzahlen. Niemand dachte darüber nach, daß das auch Menschen sind, die da liegen, mit Ängsten, Hoffnungen, Schmerzen, Gefühlen. Irgendwie muß das während des Studiums verlorengegangen sein.

Es waren ziemlich oft Studenten bei mir, die mich untersuchen durften, mal hier tasten, mal dort drücken, Fragen stellen ... ich hatte nie etwas dagegen. Sie lächelten und unterhielten sich mit mir – fragten nicht nur, was mir weh tat, sondern auch ob ich Geschwister habe, was meine Hobbys seien, ob ich auch Pizza möge ... Als Ausrede für die Ärzte hört man, daß sie zu viele Patienten hätten, um sich Zeit für jeden einzelnen nehmen zu können. Das ist Quatsch, wofür sind sie denn Arzt geworden? Ich möchte Medizin studieren, und ich werde mir Zeit nehmen für jeden einzelnen Patienten. Sie sollen sich als »Mensch« fühlen können. Nach der Visite wurden die Knochenmark-

und Lumbalpunktionen durchgeführt. Und bald darauf gab es Mittagessen.

Das Essen

Ich aß sehr selten das Klinikessen. Wie schon gesagt, kam meine Mama jeden Tag und brachte, was ich haben wollte. Rohes Obst oder Gemüse durfte ich wegen der Bakterien nicht essen, auch kein Eis. Am liebsten habe ich Semmelknödel mit Pilzsoße gegessen, und ich tat es zu jeder Gelegenheit. Das Klinikessen war fade und glitschig. Der Koch hatte von Gewürzen offenbar nie etwas gehört. Ich sollte auch nicht zu scharf essen, hatte man mir gesagt. Aber war das richtig? Ich kann mich an eine Situation erinnern, wo es mir ganz übel war. Nicht einmal Kamillentee konnte ich im Magen behalten. Meine Zimmernachbarinnen aber hatten sich Pizza mit Peperoniwurst bestellt. Bei dem Geruch lief mir das Wasser im Munde zusammen, und ich konnte mich nicht zurückhalten. Obwohl der Arzt mich ausdrücklich gewarnt hatte, bekam ich ein ganzes Stück davon runter, wo es auch blieb. Das war gar nicht so einfach, denn mein Mund war so empfindlich, daß ich nichts mehr kauen konnte. Ich habe aber jeden Bissen gelutscht und es genossen. Das Erstaunliche war, daß mein Magen alles behielt! Ich finde, das ist ein deutliches Beispiel für den Einfluß der Psyche.

Nach dem Essen wurde geruht. Irgendwann gewöhnte ich mir an, in dieser Zeit blöde Seifenopern im Fernsehen anzusehen. Ich kannte bald alle Figuren, wer mit wem verheiratet war, wer es mit seinem Nachbarn trieb, wer mit wem nicht konnte. Eigentlich beschämend, aber in der Not frißt der Teufel Fliegen, und das Fernsehen war eine hervorragende Ablenkung vom Alltag. Ich habe mir die Probleme anderer Leute angeschaut und dabei meine eigenen vergessen. Die Nachmittage verliefen nicht viel anders als die Vormittage, mit der Ausnahme, daß keine Visite und auch keine Punktionen stattfanden. Heute merke ich deutlich, daß ich viel allein war. Im Gegensatz zu meiner Schwester kann ich mich sehr wohl allein unterhalten. Stundenlang kann ich in meinem Zimmer sitzen, irgend etwas finde ich immer. Meine Schwester braucht immer Action: »Mir ist es langweilig, mach was mit mir.« Sie ist zwar auch jünger, doch merkt man trotzdem den Unterschied zwischen uns beiden.

Meine Schwester

Ich bewundere sie ungeheuer. Immer war sie allein, ohne die Mama. Trotzdem ging sie in die Schule, schrieb Einsen und verhielt sich so wie jedes andere achtjährige Kind. Sie wußte auch nie, was mit mir los war. Heute rede ich mit ihr darüber, und sie sagt immer nur erstaunt: »Das wußte ich ja damals gar nicht!« Sie mußte mit ansehen, wieviel Trubel um mich gemacht wurde. Ich bekam täglich Post und Geschenke. Sie bekam gar nichts. Meistens mußte sie auf die Mama verzichten. Ich verstehe es nicht, wie sie das über acht Monate – und noch länger – ausgehalten hat. Ohne Wutanfälle zu bekommen, ohne der Mama das Leben noch schwerer zu machen. Ich bin richtig stolz darauf, so eine große, kleine Schwester zu haben!

Im Krankenhaus besuchen durfte meine Schwester mich nie. Die vielen Stunden, die meine Mama bei mir verbrachte, mußte sie zu Bekannten. Die Trennung war sehr schwer für mich und auch für sie. Ich machte Fotos von meinem Zimmer, und sie schrieb mir Briefe. Auch wenn wir uns heute streiten, ist es schön zu wissen, daß wir uns sehr lieb haben. Das ist das Wichtigste.

Kliniknächte

Das Abendbrot kam in Plastikschüsseln, die mit Folie versiegelt waren. Wer die Wahl hat, hat die Qual: Käse oder Wurst – und natürlich Tee. Tee gab's immer: Pfefferminz, Hagebutte oder Kamille. In den acht Monaten habe ich Unmengen an Tee getrunken, das hätte noch nicht einmal ein Engländer geschafft. Ich ließ ihn immer stehen, um ihn kalt zu trinken. Heute kann ich keinen Tee mehr riechen – jedenfalls nicht diese drei Sorten!

Zum Einschlafen machte ich mein »imagery«, das heißt meine Entspannungsübung, bei der ich meine Krebszellen imaginierte, um sie »zusammenzukehren«. Meistens lief dabei Musik in meinem Kopfhörer. Ich hatte Alpträume durch die Angst, die ich tagsüber verdrängte. Manche Träume wiederholten sich immer wieder, Nacht für Nacht. Sogar nach Jahren.

Die Nachtruhe wurde regelmäßig gegen drei Uhr gestört, wobei das Licht anging und irgend jemand mir ein Thermometer unter den Arm schob. Ach ja, und natürlich dürfen nicht die unzähligen Toilettengänge vergessen werden, verursacht durch die unzähligen Tassen Tee.

Ja, so lief der Alltag, natürlich mit der Unterbrechung, daß die Medikamente verabreicht oder die Flaschen entweder an- oder abgehängt wurden.

»Irgend jemand muß hier doch lebend rauskommen!«

Tod, Trauer und Hoffnung

Der erste Tod, den ich erlebt habe, ist für mich schwer zu begreifen gewesen. Ich wußte zwar, daß der Tod durchaus dazugehörte. Aber es ist trotzdem schwer, jemanden zu verlieren, den man kennt.

Es geschah während der ersten Therapiephase, als ich mit Jessica und Kathrin noch in einem Zimmer zusammen war. Wir merkten alle, daß in Jessica irgendwas vorging. Sie verlangte Fischbrötchen, und ihre Mutter lief dafür extra in die Stadt, aber wenn sie wiederkam, wollte sie nicht mehr. Sie murmelte unverständliches Zeug und hörte auf zu essen. Die Ärzte wollten sie künstlich ernähren, doch die Mutter hatte Jessica versprochen, es würde nicht geschehen. Jessica wollte es nicht. Eines Tages sagten die Ärzte der Mutter, sie könne mal in die Stadt gehen und sich ein wenig ausruhen – sie verbrachte stets den ganzen Tag an Jessicas Bettkante. Als sie weg war, schickten die Ärzte mich und alle anderen Anwesenden aus dem Zimmer. Als Jessicas Mutter wiederkam, fand sie ihr Kind mit einem Schlauch in der Nase vor. Ohne Erlaubnis hatten sie diesen Eingriff vorgenommen »zum Wohle des Patienten«. Dabei wußten sie alle, daß Jessica bald sterben würde. Von da ab ging es mit ihr rapide bergab. Sie weinte nur noch und rief die ganze Nacht nach einer Schwester. Ich redete mit ihr, aber sie reagierte nicht mehr auf Worte. Sie tat mir so leid, aber ich konnte ihr nicht helfen. Am nächsten Tag wurde sie in das letzte Zimmer im Gang gebracht, das leer stand. Ich nannte es das »Todeszimmer« und schwor mir, nie in dieses Zimmer zu müssen.

Als sie starb, wurden wir alle in unsere Zimmer geschickt, die Vorhänge wurden zugemacht. Niemand durfte raus. Draußen hörte man das Klappern des Bettes. Wir wurden alle mit unseren Gefühlen allein gelassen, niemand sprach mit uns darüber. Ich hatte Gott sei Dank meine Mutter. Nicht mal der Psychologe ließ sich aus diesem Anlaß blicken.

Jessicas Tod war ein Schlag für mich und meine Mutter. Wir hatten sie beide sehr gern gehabt. Es war das erste Mal in meinem Leben, daß jemand, den ich näher kannte, tatsächlich »weg« war. Dazu kam noch die Erkenntnis, daß ich in der gleichen Situation war, was mir besondere Trauer bereitete – Angst nie. Man hat doch noch das ganze Leben vor sich, so viele Sachen, die man noch nicht erlebt hat. Und vor allem die Familie. Ich möchte nicht ohne sie sein.

Ich kann mich an zwölf Patienten erinnern, die gestorben sind, solange ich auf der Station war. Es ist schwer, damit zurechtzukommen – aber ich entwickelte allmählich meine eigene Philosophie. Ich möchte damit nicht falsch verstanden werden, denn es klingt ziemlich hart und kalt, wie ich mich selbst über Wasser gehalten hab. Aber jedesmal, wenn jemand starb, trauerte ich, machte mir aber auch Hoffnung. Ich dachte an die Statistiken der Ärzte. (Sonst halte ich nichts von Statistiken.) Sie besagen aber, daß soundsoviel Prozent überleben. »Na gut«, sagte ich mir, »irgend jemand muß lebend hier rauskommen. Wenn die anderen es nicht schaffen, werde ich es.« Mit jedem Tod wuchs bei mir die Hoffnung weiterzuleben. Es ist wahrscheinlich für Außenstehende schwer zu verstehen, was ich meine. Aber ich denke, jeder paßt sich irgendwie der Situation an, in der er sich befindet. So war das bei mir auch.

Rebecca war eine sehr gute Freundin von mir. Wir lagen eine Zeitlang im gleichen Zimmer und verstanden uns prima. Wir machten so makabre Witze, daß unsere Mütter die Flucht ergriffen: schwarzer Humor. Wir redeten von spritzendem Blut und kaputten Spritzen oder davon, welche Blumen wir auf unserem Grab haben wollten. Es war schön, jemanden zu haben, der diese Lage genau so akzeptierte, wie ich es tat, und nicht krampfhaft fragte: »Warum?« In der Zeit, in der es mir schlecht ging, fütterte sie mich mit Zwiebelringen von »Burger-King« und mit Kuchen, was ich auch alles im Magen behielt. Als ich einmal heulend auf dem Flur stand und auf den Arzt wartete, weil ich mit nur noch 100 Leukos eingeliefert worden war, sah ich sie zum letzten Mal. Sie war entlassen worden, ich wußte aber nicht, warum. Sie setzte sich zu mir und tröstete mich mit einer solchen Kraft, wie ich es selten erlebt habe. »Jetzt geht's dir beschissen, Mann, aber du schaffst das. Du kommst hier wieder raus.«

Später erfuhr ich, daß sie an diesem Tag zum Sterben nach Hause geschickt worden war. Aber sie hat sich nichts anmerken lassen. Was ist, das ist halt so. Ich vermißte sie schrecklich, und dennoch habe ich mir einen weiteren Punkt Hoffnung zugeschrieben. Es kommt so, wie es kommen soll ...

Sarah war ein süßer Fratz. Sie war fünf Jahre alt und hatte riesengroße Kulleraugen. Sie war schon Monate vor mir auf Station gewesen, und als ich ging noch eine Weile länger, bis sie starb. Ich war immer wieder erstaunt über sie – dieses kleine Wesen. Sie war nicht wie »normale« Fünfjährige. Sie spielte sehr zurückhaltend, lächelte selten und lachte noch weniger. Ihre Augen strahlten eine unwahrscheinliche Reife aus, und sie sprach auch so. Von ihren vielen Operationen erzählte sie, was alles wann »rausgenommen« worden war, und Gott weiß, es war viel. Sie wußte, welche Medikamente sie bekam und welche Nebenwirkungen davon auftreten konnten. Wenn ihr Infusomat – eine kleine Maschine, die bewirkt, daß die Chemo gleichmäßig langsam tropft – piepste, schaltete sie selbst die Knöpfe an und aus oder sorgte für Strom, wenn nötig. Sie fragte nach allem und jedem und schaute konzentriert zu, wenn man etwas erklärte. Ich weiß noch, wie sie einmal meine Zimmernachbarin, die ihr Bein amputiert bekommen hatte, fragte, wo ihr Bein geblieben sei. Meine Nachbarin antwortete:

»Das mußten sie mir wegschneiden.«

»Wieso?«

»Weil da schlechte Zellen drin waren.«

»Ein Monster?«

»So ähnlich«, antwortete meine Nachbarin schmunzelnd.

»Und wo ist das Bein jetzt?«

»Das ist ja weg!«

»Beerdigt?«

»Ja.«

»Unter der Erde?«

»Ja! «

»Aber was ist, wenn es wieder rauskrabbelt?«

»Das kann es doch nicht.«

»Sicher?«

Sie verdeutlichte mit einfachen Worten die Angst, die wir alle spürten: dieses Ungeheuer namens Krebs, eine große Bestie, die sich sogar aus der Erde wieder freibuddeln und wiederkommen konnte. Sie wußte, wovon sie sprach. Sie war oft genug von ihr heimgesucht worden. Stolz zeigte sie mir die Narben von ihren vielen Operationen. »Da ist der Krebs auch aus mir weggenommen worden.« Bei ihr schaffte es der Krebs, immer wiederzukehren, und schließlich siegte er auch.

Es tat weh, einer Fünfjährigen zu begegnen, die so viel Weisheit und Erfahrung ausstrahlte. Wo war die unbeschwerte Kindheit geblieben? Ich dachte daran, wie es war, als ich fünf Jahre alt gewesen war: Ich war in der Vorschule, spielte, entdeckte, freute mich auf die Schule. Und dann gibt es Fünfjährige, die fast nie lachen können, die sich Sorgen machen, ob ihre Befürchtungen und Alpträume wahr werden, die Schmerzen ertragen müssen.

Sarah bekam äußerst selten Besuch. Aber manchmal kam sie lächelnd ins Zimmer und verkündete, heute wäre es soweit. Abends um acht traf man sie auf dem Flur wieder, geduldig sitzend und wartend, immer noch: »Er kommt bestimmt noch. Er hat's versprochen.« Sie war so tapfer und bewältigte alles ohne Beschwerden. Nur wenn ihr Vater nicht kam, sah ich sie weinen.

Vor Carsten hatte ich immer ein wenig Angst. Es dauerte einige Zeit, bis ich ihn zum ersten Mal sah, denn er lag sehr, sehr lange im Isolierzimmer. Als er mir das erste Mal begegnete, erschrak ich das einzige Mal vor einem anderen Patienten. Er war in meinem Alter, und ich glaube, ich hatte soviel Angst, weil er das verkörperte, was ich nicht werden wollte: Er bestand nur noch aus Haut und Knochen, sein Gesicht ähnelte dem Schädel eines Skeletts. Seine Augen lagen tief, umzingelt von dunklen Ringen. Die Augen selbst waren ausdruckslos, matt und stumpf. Seine Mutter sprach grundsätzlich in der ersten Person Plural: »Wir haben heute Chemo bekommen. Uns geht es heute schlecht. Morgen werden wir punktiert ...« Er tat mir leid, denn seine Blutwerte waren grundsätzlich schlecht, und ich hatte das Gefühl, er habe einfach keine Kraft mehr, weiter zu kämpfen. Seine Mutter konnte aber nicht loslassen. Krampfhaft hielt sie ihn fest. Noch eine Chemo und noch einmal. Für ein paar Monate länger.

Es muß ein schreckliches Gefühl sein, nicht »gehen« zu dürfen. Darüber habe ich mit meiner Mutter auch oft gesprochen, und wir kamen gemeinsam zu dem Entschluß, daß es nichts nützt, auf Teufel-komm-raus zu therapieren, bloß um den Tod hinauszuzögern. Sie versprach mir, mich nach Hause zu holen, wenn mit Chemo nichts mehr zu machen war. Sie versprach, immer ehrlich zu sein, und das hat mich beruhigt. Ich erzählte ihr, wie ich beerdigt werden wollte, wenn es so kommen sollte. »Ich möchte nicht, daß ihr traurig seid. Am besten zieht ihr alle Weiß an. Ich möchte, daß die EAV (Erste Allgemeine Verunsicherung) – eine österreichische Popgruppe – bei meiner Beerdigung spielt, und pflanzt ein Gemüsebeet auf mein Grab. Nur keine Blumen, pflanzt lieber Tomaten. Sie sind pflegeleicht, und so hast du noch was von mir, was Produktives.« Ich wollte Clowns, Spiele und Musik. Mir hat es gestunken, daß der Tod immer traurig und depressiv sein muß. Warum eigentlich? Natürlich schmerzt es, einen Menschen zu verlieren. Aber wenn der Tod doch die Erlösung von Schmerzen und Leid ist, soll die Liebe überhandnehmen und den Schmerz überwinden. – Eine Aufgabe, die nur die wenigsten Menschen erfüllen können. Mein großer Wunsch ist es, daß meine Hinterbliebenen diese Aufgabe bewältigen können.

Weihnachten zu Hause

Allmählich kam Weihnachten heran. Draußen wurde es grau, meine Schwester schickte mir Weihnachtssterne aus goldener Folie, und ich bekam einen kleinen Weihnachtsbaum aus Plastik, denn ich durfte keine Pflanzen im Zimmer halten. Trotz aller Bemühungen der Umwelt vermißte ich das »Weihnachtsgefühl« schrecklich. Wie gern wäre ich durch die Stadt gefahren, um die Dekorationen zu bewundern. Mantel, Schal und Handschuhe anziehen, Geschenke kaufen, heißen Tee trinken und Plätzchen essen. Das alles fehlte mir sehr. Ich fragte den Arzt, ob ich wenigstens mit Mundschutz im Taxi durch die Innenstadt fahren dürfte, nur um zu schauen. Meine Therapie war zu der Zeit fertig, und ich hatte erstmals ein paar Wochen Pause. Meine Werte waren nicht sonderlich, aber das war mir egal. Meine Bitte wurde aber abgeschlagen. Heute genieße ich die Stadtdekorationen, so kitschig sie auch sein mögen. Ich genieße die Weihnachtsgefühle in vollen Zügen und hoffe, daß ich nie vergesse, wie wichtig das sein kann.

Einige Tage später fragte ich den Stationsarzt, ob ich zu Weihnachten wenigstens für ein paar Tage nach Hause dürfe, zum ersten Mal seit drei Monaten. Mir ging es zu der

Zeit verhältnismäßig gut, und ich wollte meine Schwester wiedersehen. Er meinte, er habe es lieber, wenn ich nicht das Zimmer verließe, die nächste Therapie würde direkt nach Weihnachten anfangen, und ich dürfe auf keinen Fall einen Infekt bekommen. Die Therapie müsse nach Plan durchgezogen werden – Weihnachtsfeste werde es dann noch genügend geben.

Ich versuchte ihm klarzumachen, daß es mir zu Hause sehr gutgehen würde, ich bräuchte es einfach. Nein, er könne es nicht mit seinem Gewissen vereinbaren. Ich ließ es dabei aber nicht bewenden, sondern fragte bei einem seiner wenigen Besuche den Professor. »Ich denke schon, daß wir das vereinbaren können«, sagte er. Ich fragte jede Schwester, jeden Arzt, der mir in den Weg lief, ob ich nach Hause dürfte. Zum Schluß gewann ich den Kampf, und mir wurde erlaubt, vier Tage nach Hause zu fahren – mit nur 800 Leukos. Als dies bekanntgegeben wurde, stattete mir der Stationsarzt einen Besuch ab. Er war zutiefst beleidigt. Ich hätte ihn hintergangen, solche Spielchen möge er nicht, wenn ich seinem Urteil nicht glauben wolle, hätte ich ihn ja gar nicht erst zu fragen brauchen. Beleidigt verließ er das Zimmer. Mich störte das herzlich wenig: Ich durfte nach Hause!!

Meine Tante kam, um mich abzuholen, natürlich zusammen mit meiner Mutter. Ich zog meinen neuen Strickpulli und einen weißen Rock an, ein Set, das ich mir aus dem Otto-Katalog bestellt hatte. Weiße, gestrickte Strumpfhosen, schwarze Schuhe und meinen todschicken schwarzen Hut, um meinen kahlen Kopf vor der Kälte zu schützen. Ich zitterte vor Aufregung, als ich auf den Flur trat, durch die Tür, durch die Pforte. Draußen – tatsächlich draußen!

Ich konnte es nicht glauben. Ich spürte die kalte Luft an meiner Nase, in den Fingerspitzen. Frische Luft, die durch meine Kleidung drang und meine Lungen anfüllte: welch ein Gefühl!

Im Auto saß ich hinten, eingehüllt in eine Decke, und beobachtete fasziniert die fast vergessene Landschaft. Ich bestand darauf, daß wir im Nachbarort bei McDonald's hielten, und verdrückte einen Big Mac und Pommes frites – sehr zum Entsetzen meiner Mutter, denn ich hatte versprochen, daß ich nichts machte, was mich gefährden könne. Laut Arzt war das McDonald's-Restaurant eine lauernde Gefahrenquelle. Mir war das völlig egal. Frei – ohne ärztliche Aufsicht. Draußen plätscherten Regentropfen, und es wurde sehr schnell dunkel.

Wir holten meine Schwester bei der Familie ab, zu der sie nachmittags hinging. Sie hatte Fieber und Husten. Diese Tatsache hatte meine Mutter verschwiegen, was mich erfreute. Meine Mutter hatte genug Kraft, die Gefahr, daß ich mich anstecken könnte, zu übergehen, weil sie wußte, wie wichtig es für mich war, nach Hause zu kommen. Und so sah ich also meine Schwester nach drei Monaten wieder und durfte sie nicht einmal in den Arm nehmen. Wir hatten uns gegenseitig sehr vermißt. Es war für sie eine Qual, weil sie Angst hatte, ich könne mich anstecken.

Am Abend des 22. Dezember kam ich nach Hause. Da meine Schwester Bronchitis hatte, mußten wir beide Mundschutz tragen und in getrennten Zimmern bleiben. Meine Mutter lief zwischen uns hin und her wie eine Henne. Bei wem sollte sie nur bleiben? Das Spielchen ging bis zum Heiligabend, und dann gaben wir es auf: Ich war daheim, mir konnte nichts mehr passieren. Dennoch blieb starke

Angst brodelnd in unseren Köpfen, aber wir versuchten zu vergessen. Und somit nahmen meine Schwester und ich den Mundschutz ab und umarmten uns. Auch Küßchen gab es und gemeinsames Auspacken der Geschenke. Mir ging es wunderbar. Ich aß den ganzen Tag, telefonierte und spielte Klavier – mein Klavier, das ich so vermißt hatte! Ich spiele jetzt schon seit zehn Jahren leidenschaftlich gern. Im Krankenhaus war dies natürlich unmöglich gewesen.

Meine Freundin Sissy durfte mich besuchen. Sie war meine beste Freundin und hatte mir jeden Tag geschrieben. Ohne Pause. Sie hatte meinen Kontakt zur Außenwelt gesichert. Wofür ich ihr unendlich dankbar bin. Ich versuchte, an die frische Luft zu gehen, aber nach wenigen Schritten war ich kaputt. Insgesamt mißachtete ich jede Regel der Ärzte und fühlte mich prächtig. Ich hatte neue Kraft getankt und war bereit für die nächste Therapie. Ich freute mich fast darauf. Ich hatte gesehen, daß zu Hause alles gleichgeblieben war und auf mich wartete.

Silvester im Krankenhaus

Am 26. Dezember wurde ich wieder eingeliefert – die Therapie mußte weitergehen. Ich hatte vier Kilo zugenommen, und meine Leukos waren auf 4100 angestiegen. Während der Feiertage hatten nur wenige Patienten im Krankenhaus bleiben müssen, und so wurden wir wenigen auf eine andere Station verlegt. Keine bekannten Gesichter, ich hatte keine Klingel, und ich sah kleine Fliegen aus dem Abfluß kommen. Sogar die Schublade in meinem Nachttisch klemmte. Ich möchte nicht hier allein gelassen werden, laß mich nicht hier, nimm mich wieder mit. – Ich werde das schon irgendwie durchstehen. Mama kommt ja am nächsten Tag.

Mama war ganz früh am nächsten Tag da. Die Chemo fing wieder an mit einer Lumbalpunktion und zweimal Medikamenten durch die Vene. Die Punktion war ganz okay, der Arzt erzählte sogar Witze, und ich mußte lachen. Danach mußte ich 24 Stunden lang flach liegen und machte mir schon Gedanken, was ich machen sollte, wenn ich nachts auf die Toilette müßte. Eine leichte Panik versuchte in meinem Kopf überhand zu nehmen. Ich fragte daher die Schwestern, wie ich mich denn melden solle. »Schreien« war die Antwort. So wurde die Tür aufgelassen. Aber ich lag doch mit zwei anderen im Zimmer zusammen, die konnte ich doch nicht einfach wecken. Keine andere Möglichkeit vorhanden. Ich machte meiner Mutter eine Liste für den nächsten Tag:

Hackfleischsoße, Toast, Tee, Cracker, Deutschheft,
Spätzle, Äpfel, Gurken, Lateinbuch,
Erbsen, Pudding, Handtuch und Nagelschere,
Eier, Chips, Hose.

Fürs erste wird es wohl reichen ...

In der Nacht wurden meine Befürchtungen wahr, und ich rief nach der Schwester. Niemand hörte. Noch mal und noch mal. Ich verfluchte diese Station ohne Klingel, die mich nicht einmal hörte. Nach zehn Minuten schaffte ich es doch, ihre Aufmerksamkeit zu erregen.

Bis zum 31. 12. waren meine Zimmernachbarinnen entlassen worden, ich blieb allein im Zimmer und wartete auf Neujahr. Meine Mutter sprach mit der Schwester, ob es nicht möglich sei, daß sie in mein Zimmer dürfe. Ich war ja schließlich allein. Diese willigte schließlich ein, es solle aber bitte niemand merken. Und so fuhr meine Mutter nochmals nach Hause und bereitete einen Korb für ein gemeinsames Neujahrsessen vor. Als sie am späten Abend mit meiner Schwester wiederkehrte, hatte sie alles dabei: Wir aßen Nudelsalat, tranken Punsch und gossen Blei. Es war schwer für mich, Neujahr im Krankenhaus zu verbringen. Ich dachte zurück an all die Male, die ich gefeiert hatte: Knaller, Festessen, Freunde und Verwandte. Nun saßen wir zu dritt im kahlen Zimmer und feierten das vergangene Jahr.

Sie fuhren kurz vor zwölf weg, denn meine Schwester bestand darauf, ein paar Knaller abschießen zu dürfen. Noch ein letztes Küßchen – und ich war allein. Ich machte das Fernsehen an, drei Minuten vor zwölf. Die glücklichen Leute warteten gespannt auf das neue Jahr, wünschten sich viel Schwein und schenkten sich gegenseitig Kleeblätter. Ich stellte mich an das große Fenster, das über die Stadt schaute. So konnte ich auch was vom Feuerwerk haben: »Zehn, neun, acht« – ich holte mir meine Teetasse – »drei, zwei, eins: glückliches neues Jahr! Frohes neues Jahr!« kam aus dem Fernseher gedudelt. Der Himmel über der Stadt unter mir leuchtete hell auf in allen Farben. Ruhig beobachtete ich das eine Weile, die Schwester wünschte mir alles Gute – und schließlich fing ich an zu heulen. Wieder einmal kam ich mir verlassen vor. Während die ganze Stadt dort unten miteinander feiert, stehe ich allein hier oben. Ich weinte jämmerlich und ertränkte mich bald im Selbstmitleid. Was würde im nächsten Jahr kommen? Letztes Jahr um diese Zeit hatte ich nicht einmal im Traum daran gedacht, daß ich irgendwann Krebs bekommen könnte.

Ich erinnere mich noch an zwei Situationen vor vielen Jahren, als mir zum ersten Mal bewußt geworden war, was Krebs ist. Beim ersten Mal war ich vielleicht fünf Jahre alt. Wir waren in einer Pizzeria. Ich hatte eine weiße gehäkelte Decke um mich und saß vergnügt neben meiner Mutter. Da kam ein Kind herein, das keine Haare hatte. »Schau, Mama«, sagte ich und zeigte durch die Decke auf das Kind. »Das Kind ist krank, Mavi. Und außerdem, man zeigt nicht auf andere Menschen«, sagte meine Mutter. Eilig zog ich den Finger zurück. Krank? Was ist das für eine Krankheit, bei der man die Haare verliert? Ich schämte mich und tue es heute noch viel mehr, denn nun ist mir bewußt, wie das Kind sich gefühlt haben muß: scheußlich, im Abseits, wie aussätzig.

Das zweite Mal war sechs Jahre später in der gleichen Pizzeria. Ich stand an der Kasse und wollte eine Pizza bestellen, da fiel mir ein Schild auf, auf dem stand – natürlich auf Englisch, denn wir wohnten ja zu der Zeit noch in Amerika:

»Hast du häufig Infekte? Bist du blaß?

Bekommst du leicht blaue Flecken oder Blutungen?

Wenn du eine oder mehrere Fragen mit ›Ja‹ beantwortet hast, laß dich vom Arzt untersuchen.

Ein Hinweis der Amerikanischen Krebsgesellschaft.«

Ich stand davor und prägte mir die Symptome ein. An dieses Schild habe ich oft gedacht, als es mir im Sommer so schlecht ging. Aber damals habe ich noch gedacht: »Was für ein Glück, mir passiert so etwas nicht. Das gibt es nur bei anderen. Die armen Leute.« Aber es gibt so vieles, das nicht nur anderen passiert, sondern auch uns. Ich meine nicht nur Krebs, nein alles, was man vor sich herschiebt, kann morgen genausogut mit einem selbst passieren. Es ist sehr schwer, einsehen zu müssen, daß wir Menschen doch nicht so mächtig sind, wie wir glauben. Der Mensch kann eben nicht alles beherrschen – und das ist wohl auch ganz gut so.

Besuch in der Schule

Die Therapie verlief verhältnismäßig gut. Außer den üblichen Nebenwirkungen – also Erbrechen, Mundschleimhautentzündung, allgemeine Schwäche und Absinken der Blutwerte – kamen keine neuen hinzu.

Am 10. Januar durfte ich wieder nach Hause. Zwei Wochen lang, eine unglaubliche Zeitspanne! Wieder dieses belebende Gefühl, als ich meine Sachen packte und die Klinik verließ. Ich wurde noch recht früh am Vormittag entlassen, und so kam es, daß ich darauf bestand, auf dem Heimweg bei meiner Schule anzuhalten. Ich wollte meine Klasse sehen. Ich wollte, daß sie mich sehen. Sie hatten mir ständig geschrieben und Geschenke gemacht. Wir waren richtig zusammengewachsen. Als ich den altbekannten Flur Richtung Klassenzimmer entlangging, kamen mir doch Zweifel: Was ist, wenn sie lachen? Was soll ich überhaupt sagen? Bevor ich an die Tür klopfte, nahm ich meinen Hut ab. Sie sollten mich sehen, wie ich nun mal war. Die Überraschung war groß, als ich reinkam. Mein Besuch war unangekündigt, und es ist auch nicht ganz einfach, einen Mitschüler nach so langer Zeit so verändert zu sehen.

Ich machte die Runde. Die Mädchen umarmten mich, die Jungen schüttelten mir verlegen die Hand. Ich blieb nur kurze Zeit und erzählte ein wenig, doch dann war ich wieder müde und ging mit meiner Mutter nach Hause. Aber mir war eins klargeworden: Du mußt in die Schule! Egal, wie die Werte sind. Es tat gut, unter »normalen« Menschen zu sein, andere Gesichter zu sehen, bekannte Stimmen zu hören. Sie schätzten sich gar nicht glücklich genug, wußten gar nicht, ihre Freiheit und ihr Glück zu genießen, daß sie in die Schule durften – ja durften. – Heute schäme ich mich fast, daß ich leicht aufstöhne, wenn mal wieder samstags Schule ist oder wir viel zu lernen haben. Dann muß ich mich selber beschimpfen und an die Zeiten denken, wo ich mich nach Schule gesehnt habe.

Meine Prioritäten haben sich geändert. Kleinigkeiten, die ich früher nie wahrgenommen hatte, wurden für mich ungeheuer wichtig: Geschirr spülen zu können, das tägliche Bettenmachen, duschen können, essen, wann man Lust hat ... Als ich es das erste Mal wieder schaffte, die vielen Treppenstufen zu unserer Wohnung alleine zu bewältigen, habe ich geweint. Ich weinte auch, als ich das erste Mal wieder eine kleine Fahrradtour unternehmen konnte. Man schätzt sich tatsächlich nicht glücklich genug. Was ich früher für ungeheuer wichtig gehalten hatte, wird plötzlich unwichtig. Wie wichtig sind die Noten in der Schule? Heute gehe ich mit der Schule lockerer um als vorher und schreibe trotzdem gute Noten. Die ständige Angst zu versagen, die Angst vor den Lehrern, die Angst vor der Zukunft – alles verschwunden. Zurück bleibt nur die Lust auf Hier und Jetzt, die Lust auf Lernen und Entdecken. Auch wenn ich heute im Unterricht manchmal ein wenig vorlaut bin. Ich konnte eine gute Woche, wenn auch etwas unregelmäßig, in die Schule gehen. Ich schrieb in Mathe eine Eins und wurde mündlich in Latein abgefragt: auch Eins. Ich möchte damit nicht angeben, aber damals war ich ungeheuer stolz auf mich: Ich schaffe es! Aber ich schaffte es nicht ganz allein: In Latein gab mir mein Lehrer zu Hause Nachhilfe, immer, wenn ich daheim war. Ich habe zwar vieles allein gemacht, aber niemand kann erwarten, daß man auch lateinische Grammatik allein verstehen kann. In seinem Unterricht lernte ich den gleichen Stoff wie meine Kameraden. Dafür bin ich ihm sehr dankbar.

Meine Klassenkameraden behandelten mich mit Vorsicht, wie eine wertvolle Vase. Die Lehrer natürlich auch. Ich war aber zu glücklich, um mir darüber Gedanken zu machen, ob das nun schlecht sei oder nicht. In den Pausen durfte ich mit ausgewählten Freundinnen im Klassenzimmer bleiben. Erstens wegen der Kälte und zweitens, weil ich ja in der gesamten Zeit nur zwischen 1000 und 1600 Leukos hatte, mal mehr, mal weniger. Na ja – ich wollte das Schicksal nicht unbedingt herausfordern, indem ich auf den überfüllten Schulhof ging.

In diesen wenigen Tagen ging ich auch reiten, auf einem Pferd, das vorher noch nie von mir geritten worden war und auch nicht immer das bravste war. Es benahm sich aber vorzüglich, und auf seinem Rücken zu sitzen machte mir Spaß. Das Reiten erfüllte mich mit dem gleichen Glücksgefühl wie das Klavierspielen, wenn auch auf etwas andere Art. Ich fühlte mich in diesen Tagen wieder »normal«, spürte keine Angst mehr und vergaß beinahe, daß sich diese Situation nicht halten konnte. Aber nur tagsüber. Abends, wenn es dunkel wurde, ich meine Stoffkatze im Arm hielt und Gott dankte, daß ich so schlafen konnte, wie ich wollte, ohne auf eine Nadel oder auf eine Flasche

Rücksicht nehmen zu müssen, überkamen mich Trauer und Angst: Wie wird die nächste Therapiephase? Werde ich die Kraft haben, sie zu überstehen?

Nachts merkte ich manchmal, wie meine Mutter ins Zimmer kam, auf meinen Atem horchte und wieder ging. Sie hatte genauso viel Angst wie ich und durfte es nicht zeigen. Sie mußte immer stützen, stark sein und ihre eigenen Gefühle wegstecken. Sie muß irre gebangt haben, wenn ich in die Schule ging oder mit schlechten Werten hoch zu Roß war. Sie trug die Verantwortung, aber das stand nur im Hintergrund. Im Vordergrund stand natürlich, wie sehr sie mich liebt. Sie mußte zusehen, wie mir Schmerzen zugefügt wurden, ohne irgendein Gefühl preisgeben zu dürfen. Ich war einmal dabei, als meine Mutter ambulant am Zeh operiert wurde. Ich wäre beinahe umgekippt vor Mitgefühl, ich wollte nicht, daß sie Schmerzen hatte. Wenn möglich, hätte ich sofort mit ihr den Platz getauscht. Aber ich konnte nicht. Ich war hilflos. So erlebte ich kurz, was meine Mutter acht Monate über empfunden hatte.

Ich hatte mich richtig daran gewöhnt, zu Hause zu sein, und als mir auf einmal wie ein Donner einfiel, daß ich wieder zurück ins Krankenhaus mußte, brach ich zusammen. Ich weinte geschlagene drei Stunden ohne Pause, jammerte wie ein Baby. Es war für mich unverständlich, warum ich zurück in die Klinik sollte. Mir ging es doch gut. Dort würde ich nur wieder Medikamente bekommen, dort hatte ich Schmerzen, dort wäre ich allein. Es dauerte zwei Tage, bis ich mich wieder gefangen und meine zurückgewonnene Kraft wiederhergestellt hatte. Und damit ging ich, fünf Kilo schwerer und noch frohen Mutes, zurück in die Klinik.

Die dritte Runde

Am 28. Januar fing die Therapie wieder an. Ich lag morgens früh im Bett und kam mir irgendwie fehl am Platz vor. Wieder diese weiße Bettwäsche, lauter Ärzte, Patienten, Medikamente. Mir ging es doch gut! Ich sollte jetzt in der Schule sein wie alle anderen auch.

Bei der Visite sagten sie mir, ich würde eine Knochenmark- und Lumbalpunktion bekommen. Dabei würden sie auch gleich mit der Therapie beginnen, indem sie Chemo in den Liquor, das ist Hirnwasser, spritzten. Mir wurde es mulmig im Magen, und mein Hals tat weh vor lauter Angst. Ich hatte mich so an das Leben ohne Schmerzen gewöhnt; hatte ich überhaupt noch die Kraft, neue Schmerzen zu ertragen? Und was ist, wenn sie im Knochenmark neue Krebszellen finden? Was ist, wenn ich keine Remission, keine krebsfreie Phase erreicht habe? War dann alles umsonst? Mir schwirrten tausendundein Gedanke im Kopf herum, und es kam mir nicht ungelegen, als mich eine Gruppe von ca. fünfzehn Studenten samt Professor darum bat, ihr als »Versuchskaninchen« zu dienen. Hervorragende Ablenkung: mal hier tasten, mal dort drücken ...! Ich hoffte, meine Angst wenigstens vorübergehend vergessen zu können. Gerade als sie an der Reihe waren, die Leber zu tasten, kam der Arzt und meinte, sie seien soweit. Dann bekam er den Einfall seines Lebens: ob die Studenten nicht zuschauen wollten? Sie – die Studenten – und ich blickten ziemlich erschrocken drein, und nur zwei oder drei meldeten sich freiwillig. Woraufhin ihr Professor meinte, sie würden alle mit reingehen. Und so geschah es.

Wenige Minuten später befand ich mich im Untersuchungszimmer auf dem Tisch, um mich herum um zwanzig verschiedene Gesichter. Sie drängten sich gegenseitig, um sehen zu können, denn es war recht eng im Zimmer. Mir gefiel es nun überhaupt nicht mehr, daß sie alle da waren. Ich fing an, leicht zu schluchzen, worauf der Arzt gleich mit einem Beruhigungsmittel ankam.

»Es ist ein anderes Medikament als sonst«, sagte er. Von da an wurde es nur noch schlimmer. Das gewohnte Ruhegefühl kehrte nicht ein, statt dessen Panik, eine Wahnsinnspanik. Mein Herz raste, ich atmete wie ein Stier, weinte und schrie gleichzeitig – und wurde alles andere als müde. Die Studenten tauschten verlegene Blicke. Der behandelnde Arzt beschloß trotzdem weiterzumachen. Er setzte das Betäubungsmittel an, durch die Haut an der Hüfte. Ich schrie nur noch lauter, steigerte mich immer mehr in meine Hysterie hinein.

Was ist das für eine Welt?!

»Bitte laßt mich schlafen!« schrie ich. Ich kam mir so vor, als wäre ich auf dem Operationstisch und man hätte vergessen, mir die Narkose zu geben. Ich schlug nach dem Arzt an meiner Seite, traf dabei fast die Nadel, die noch in der Haut steckte. Also hielten sie meine Arme fest.

Dann fing die eigentliche Untersuchung an. Mit einem heftigen Ruck stieß die Nadel durch den Knochen, drang ins Innere des Knochens, wo dann langsam das Knochenmark aufgesaugt wurde. Aber mittlerweile konnte ich nichts mehr machen. Ich hatte so hyperventiliert, daß ich mich nicht mehr bewegen, nicht mehr denken konnte. Ich hörte noch, was um mich herum geschah, aber es war ganz weit entfernt. Nach einer Weile bemerkte ich, wie die Nadel herausgezogen und ich auf die Seite gedreht wurde, damit sie die Lumbalpunktion machen konnten. Ich fing wieder an, laut zu schluchzen: »Bitte nicht jetzt! « dachte ich. »Für heute ist es genug, bitte erst morgen.« Aber außer meiner Mutter teilte niemand meine Meinung. Und wie es kommen mußte, war der erste Versuch ein Fehlschlag. Die Nadel zwischen meinen Wirbeln wurde entfernt, gewechselt und neu angesetzt. Auch Fehlschlag.

Meine Gefühle während der Prozedur waren unbeschreiblich: Schmerzen, schreckliche Schmerzen. – Was ist das für eine Welt, in der Menschen solche Schmerzen und Ängste verspüren müssen? Mir war in diesem Moment klar, daß es keinen Gott geben könne – für mich nicht.

Irgendwo im Raum gab es doch einen Menschen, der entschied, daß mir der dritte Rückenpieks heute erspart werden sollte. Ich wurde ins Bett getragen. Doch ich war völlig außer mir. Mein Vertrauen in die Ärzte hatte einen kräftigen Schlag erlitten. Meine Mutter ging zum Professor und fragte ihn, ob er sich nicht fünf Minuten zu mir setzen könne, um mir zu erklären, was schiefgelaufen sei. Sie wollte, daß er sich als Mensch zeigte statt als »Halbgott in Weiß«. Kurze Zeit später war ein Gebrüll auf dem Flur zu hören. Die Schwestern verzogen sich in verschiedene Zimmer, Eltern und Patienten ebenfalls. Ich stand langsam auf und schlich vorsichtig zur Tür. Ich blinzelte in den Flur und sah ein erschreckendes Bild: meine Mutter, klein und ängstlich, umringt von den Ärzten, Studenten und vor allem dem Herrn Professor, der sie gewaltig anbrüllte. Was sie sich einbilde, solche Sachen passierten ständig. Auch seien überhaupt keine anderen Medikamente eingesetzt worden. Wenn sie etwas an ihnen auszusetzen habe, solle sie die Medikamente gefälligst selber aussuchen. Er sei doch Arzt und kein Seelentröster! Noch geschockter als vorher ging ich langsam zurück ins Bett, drehte mich um und versuchte zu schlafen.

An diesem Tag bekam ich noch zweimal Chemo und Augentropfen, damit meine Augen von den Medikamenten nicht austrockneten, und dreimal Zoftan, mein Lieblingsmedikament, wirklich! In der Zeit, als ich behandelt wurde, war es noch recht neu auf dem Markt: ein Medikament gegen Übelkeit, das wirklich hilft – mehr oder weniger. Ich klammerte mich daran fest und war überzeugt, daß es mir helfen würde. Ohne diese Tabletten ging es mir immer gleich schlechter. Ich denke, man hätte mir auch ein Placebo geben können, und es hätte mir geholfen. Ich glaubte eben daran.

Am nächsten Tag tat mir meine Hüfte fürchterlich weh, und ich jammerte den ganzen Morgen. Die Visite teilte mit, daß die noch fehlende L.P. heute noch nicht stattfinden würde. Am späten Vormittag schaffte ich es, ein trockenes Brötchen zu essen, und bald darauf bekam ich nochmals Chemo. Ich wunderte mich sehr, daß auf der Flasche »lichtempfindlich« stand, aber die Sonne mit voller Wucht darauf schien. Ich fragte nach. »Vorlaut«, bekam ich zur Antwort. Wieso aber steht »lichtempfindlich« auf der Flasche, wenn das Mittel es nicht ist?

Gegen Mittag erhöhte sich meine Temperatur auf 38,5 °C, und ich bekam nochmals Chemo, am Nachmittag auch. Am nächsten Tag bekam ich zusätzlich zur Chemo noch Antibiotika, weil ich 100 Leukos hatte und erhöhte Temperatur. Ich bekam noch zwei Tage lang Chemo, zusätzlich ein Antibiotikum und ein Pilzmittel. Und dann bekam ich Ausschlag, kleine rote Punkte am ganzen Körper. An diesem Tag dichtete ich mein erstes deutsches Gedicht. Da lag ich mit geschlossenen Augen und schrecklichem Schüttelfrost, und im Kopf setzte ich blöde Sprüche zusammen. Dementsprechend war meine Mutter überrascht, als ich plötzlich die Augen aufmachte und sagte:

Ein Elefant gab mir die Hand
an einem Sonntagmorgen.
Ich schrie: »O Schreck, meine Finger sind weg!«
und lief zum Arzt voller Sorgen.

Ich hatte den ganzen Tag noch nichts gesprochen und glaube, es hat sie ein wenig beruhigt zu wissen, daß ich nicht ganz abgeschaltet hatte.

Die Pünktchen wurden schlimmer und fingen an zu jukken, so daß ich mir mit einer Haarbürste das Knie blutig kratzte. Ich bin fast ausgeflippt. Es wurde so schlimm, daß ich Schlaftropfen bekam, damit ich überhaupt schlafen konnte. Der Arzt entschied, die Therapie abzubrechen. Ich hatte am Morgen Blut abgenommen bekommen: 1700 Leukos. Der Arzt sagte, das glaube er nicht. Wahrscheinlich wären es unter 1000. Meine Frage: »Warum nehmen Sie Blut ab, wenn Sie die Resultate eh nicht glauben?« Keine Antwort. Aber Mama sollte Mundschutz tragen. Ich schlief sehr unruhig und wachte auf einmal schreiend auf, kratzte an der Narbe am Bein. »Ein Mückenstich, ein Mückenstich!« schrie ich und schlief wieder ein.

Ich weiß gar nicht, wie meine Mutter es ausgehalten hat,

stundenlang an meinem Bett zu verbringen. Ich sprach nichts, wälzte mich nur hin und her, kratzte und kratzte. Später sagte sie mir, sie habe gemeint, ich hätte Masern. Sie dachte, ich würde sterben. Wie schlimm es doch gewesen sein muß, abends wegzufahren, voller Angst, ich könnte am nächsten Tag nicht mehr da sein!

Mit der Zeit wurde es aber mit dem Jucken besser, und langsam ließ die Temperatur nach. Aber dafür stürzten die Leukos ab auf 200. Ich konnte nicht nach Hause. Die Therapie wurde aber für eine Zeitlang abgesetzt. Ich bekam nur noch Antibiotika.

Meiner Zimmernachbarin passierte in dieser Zeit etwas Merkwürdiges: Sie sollte Kopfbestrahlung bekommen. Dafür kriegt man schwarze und rote Linien auf den Kopf gemalt, ganz genau ausgemessen. Das Ausmessen ist eine langwierige Prozedur. Mit Wartezeit dauert es den ganzen Vormittag. Als sie am nächsten Morgen bestrahlt werden sollte, stimmten die Linien auf einmal nicht mehr. Irgend jemand hatte etwas falsch gemacht. Als dieser Irgendjemand nicht gefunden werden konnte, wurde die Mutter beschuldigt. Sie hätte die Linien abgewaschen und neu angemalt. Klar doch. Eine Mutter spielt mit dem Leben ihrer Tochter. Irgendwie war mir das nicht ganz verständlich. Aber hier war nichts verständlich.

Das Elend mit Fieber und Tropf

Ein paar Tage später, am Montag, durfte ich nach Hause, um mich zu erholen. Die Therapie sollte aber bald weitergehen. Ich, die die ganze Zeit über fast nichts gegessen hatte, schlug mir noch am gleichen Abend den Bauch mit griechischem Essen voll. Erstaunlich. Am Dienstagmorgen mußte ich in die Klinik zur Blutbildkontrolle. Das Ergebnis verschlug mir die Sprache: 100 Leukos – normal sind mindestens 4000 Leukos! Mein Gott, das ist ja nichts! Mir wurde es schlecht, vor allem bei dem Gedanken an den schönen Tropf, der mir rausgenommen worden war, obwohl er noch funktioniert hatte. Jetzt mußten sie neu stechen. Wir riefen vom Labor aus auf der Station an. Sie sagten uns, wir müßten noch eine halbe Stunde warten. Dann sollten wir nochmals anrufen und mit dem Arzt sprechen. Was soll dieser Blödsinn? Ich nahm meine Mutter an die Hand, und wir fuhren wieder nach Hause. Von dort aus rief meine Mutter nochmals beim Arzt an.

Wir hatten beide Angst. In der Nacht schlief ich bei meiner Mutter im Bett. Ich hätte im Schlaf gesprochen und immer wieder »Nicht so viele Leukos« gesagt. Um 5.20 Uhr hatte ich 41° Fieber. Ich habe meine Mutter aufgeweckt, habe gezittert und wollte noch eine Decke. Ich konnte vor klappernden Zähnen nicht sprechen. Der Krankenwagen kam. Ich wollte nicht bewegt werden. Bloß nicht bewegen! Diese Kälte, dieses seltsame Ziehen in allen Knochen! Nur nicht bewegen!

In der Klinik kam ich sofort ins Schleusenzimmer. Alle mußten Kittel und Hauben anziehen. Ein Tropf wurde gelegt und Antibiotika angesetzt. Zusätzlich bekam ich Thrombos durch den Tropf und dann Blut. Dann nochmals Thrombos. Der Tropf mußte gewechselt werden. Am Abend hatte ich 39,5° Fieber, am nächsten Morgen 40°. Dreizehn Tage lang hielt sich mein Fieber zwischen 38,5° und 40°. Anstrengend, dieser ständige Wechsel zwischen Schüttel-

frost und Hitze. Mal verlangte ich nach Decken und Heiz-
kissen, mal nach kalten Waschlappen.

In meiner Situation war Fieber äußerst unerwünscht, denn
es bedeutete, daß ich einen Infekt in mir trug und mein
Körper darauf reagierte. Die Schwierigkeit lag aber darin,
daß meine Abwehrkräfte auf ein Minimum reduziert worden waren. Darum war mein Körper nicht in der Lage,
Krankheitserreger abzuwehren. Eine einfache Erkältung
konnte zu einer lebensbedrohlichen Erkrankung ausarten.
Dreizehn Tage lang hielten sich meine Leukos auf 100.
Am zweiten Tag des Fiebers kam ich in das »Sterbezimmer«.
O nein, überallhin, nur nicht dorthin! Ich bettelte, doch
sahen sie organisatorisch keine andere Möglichkeit. Ich solle mich nicht so anstellen. Ich bekam auch eine Zimmernachbarin. Sie hatte Herpes. »Vielleicht auch Röteln«, sagten sie bei der Visite. Ich verstand die Welt nicht mehr.
Außerdem ging mein Tropf zu, weil die Schwester nicht
rechtzeitig gekommen war, nachdem ich geklingelt hatte.
Sie hatte keine Zeit gehabt.

Ich bekam täglich zwei Arten von Antibiotika und ein fie-
bersenkendes Mittel. Nichts nützte. Am dritten Tag des Fiebers setzten sie ein neues Medikament an. Normalerweise
bekam man es nur auf der Intensivstation, sagten sie. Aber
es gebe keine andere Möglichkeit. Sie schlossen mich an
ein Gerät für ein 24-Stunden-EKG an, steckten aber kein
Papier ein und schalteten den Alarm ab. Sie sagten meiner
Mutter, sie solle es beobachten. Nun hatte ich diesen Ka-
sten neben meinem Bett. Blinkende Lichter, und alle halbe
Stunde wurde die Manschette fester um den Arm gelegt,
um Blutdruck zu messen. Das Tollste an diesem Gerät war
aber die Tatsache, daß ich nun zwei Tröpfe brauchte, denn

es durfte nicht mit Glukosewasser in Berührung kommen. Links am Arm ein Tropf und eine Schiene bis zum Ellenbogen, am Oberarm die Manschette. Am rechten Arm das gleiche, nur keine Manschette. Nun lag ich da, die Arme von mir gestreckt, zitternd, weinend.

Das Medikament war schrecklich. Ich übergab mich mehrmals und schrie vor Schmerzen und Kälte. Das Fieber stieg wieder auf 40°, und als noch einer der Tröpfe zuging, weil die Schwester die Flasche zugedreht und vergessen hatte, eine neue anzuhängen, setzten sie das Medikament für die Nacht ab.

Am Morgen setzten sie es wieder an, aber erst als der neue Tropf gelegt war – nach einer Stunde Pieksen und Stochern im Fuß. Die Schwester sagte, ich hätte es extra so haben wollen, damit ich sie durch die Gegend scheuchen könne, denn nun konnte ich ja nicht mehr aufstehen. Am liebsten hätte ich ihr auch einen Tropf an den Fuß gelegt!

So verbrachte ich noch zehn elende Tage. Mein Alltag bestand aus zwei Flaschen an Flüssigkeit, Brechen, Zittern, Weinen und Schwitzen.

Ich wage, einem Arzt zu widersprechen

Im Krankenhaus habe ich immer alles unter Kontrolle gehabt, wußte immer, wann und wie lange ich welches Medikament bekam. Heute erinnere ich mich nicht mehr so genau daran, aber damals kannte ich meinen Therapieplan auswendig, sogar besser als die Ärzte. Ich weiß noch, wie an einem ruhigen Sonntagmorgen der Arzt ins Zimmer kam – meine Mutter war noch nicht da – und ich mich wunderte, was der wohl jetzt hier wollte. Blut war schon abgenommen worden, und heute stand keine Chemo auf dem Plan. Wollte er mich etwa besuchen? Ein kleiner Schimmer Hoffnung wurde geweckt, aber sofort wieder gelöscht, als ich die Nierenschale mit Spritze in seiner Hand sah. Was sollte denn das jetzt? Er zog sich Handschuhe an, und da fragte ich: »Was wollen Sie denn machen?«

Er sah mich leicht gereizt an und antwortete: »Du kriegst Chemo.«

»Das glaube ich nicht«, sagte ich. Es war das erste Mal, daß ich einem Arzt widersprach, und mein Herz klopfte heftig. Nun wurde er noch gereizter. Man merkte in seinem Gesicht deutlich, was er dachte: Wer ist diese Person? Wieso wagt sie es, mir zu widersprechen? »Natürlich bekommst du heute Chemo.«

Er griff nach meinem Arm, wo der Tropf dran war.

»Nein«, sagte ich und zog den Arm weg.

Das war zuviel für ihn: »Woher willst du das wissen? Du stellst dich vielleicht an! Jetzt gib mir deinen Arm.«

Ich kämpfte gegen die Tränen, die ich spürte, und sagte einfach: »Nein.«

Da stand er gereizt auf und verließ, ohne ein Wort zu sagen, das Zimmer. Bei mir drehte sich alles im Kopf. Was habe ich jetzt gemacht? Was ist, wenn er mich jetzt nicht mehr mag? Ich hatte auch ernsthaft Angst, daß sie mir gleich ein Beruhigungsmittel geben und dann die Therapie verabreichen würden. Aber alle Sorgen waren auf einmal weggeblasen, als nach einer Viertelstunde der Arzt langsam zurück ins Zimmer kam. Er schaute auf die Wand und sagte: »Du hast recht. Heute kriegst du keine Therapie.« Dann aber noch wütend und verlegen zugleich hinzufügte: »Aber

ich kann nichts dafür, die Schwester hat es mir gegeben.«
Dabei sah er mir in die Augen. Die Augen eines Verteidigers blickten in meine, die eines unwissenden Patienten. Er drehte sich auf seinem Absatz um und stürmte aus dem Zimmer. Welch ein Erlebnis für mich! Ich hatte es geschafft, meine Meinung durchzusetzen.

Heute merke ich deutlich, welche Spuren diese Situation bei mir hinterlassen hat. Wenn ich einen Standpunkt vertrete, stehe ich dazu auf Teufel komm raus. Ich habe einfach keine Angst mehr davor, mich zu blamieren. Meine Diskussionsfreudigkeit ist wahrscheinlich schon manch einem Lehrer auf den Keks gegangen. Aber lieber gehe ich jemandem auf den Keks, als daß ich so ruhig und ängstlich wäre wie damals.

Mit der Zeit wurde es für mich ziemlich anstrengend, immer aufzupassen. Ich hatte Angst, zu schlafen oder mich einfach nur auszuruhen, falls sie wieder was falsch machten. Mal fehlte eine Tablette, mal war es eine zuviel. Einmal habe ich die Schwester sogar darauf aufmerksam gemacht, daß bei meiner Zimmernachbarin eine Tablette fehlte. Ich hatte das ganz unbewußt mitgekriegt, es war bestimmt nicht so, daß ich ununterbrochen alle beobachtet hätte, ob sie nicht irgendwo einen Fehler machten, ich merkte es einfach.

Dieses Auf und Ab

Man vermutete Lungenpilz bei mir, aber das neue Medikament gegen Pilze half nichts. Dann geschah etwas Komisches: Am zwölften Tag dieses Elends stand ich freiwillig für kurze Zeit auf. Mein Fieber war auf 37,9°, und ich verlangte nach einem Kassettenrekorder. Ich ließ meine EAV-Kassette den ganzen Tag auf voller Lautstärke laufen und aß zum ersten Mal seit fast zwei Wochen ein Stück Toast. Ich mußte mich nur noch zweimal übergeben. Ich wollte raus. Ich bat meine Mutter, mir am nächsten Morgen ein belegtes Brötchen mitzubringen, welches ich bei der Visite am dreizehnten Tag samt Tomate, Salat, Ei und Mayonnaise verschlang – ohne mich zu übergeben. »Ich will jetzt nach Hause«, war meine Botschaft. Und tatsächlich wurde sie erhört. Noch am gleichen Tag ging ich mit knapp 1000 Leukos für zehn Tage nach Hause.

Ich hatte es geschafft!

Aber ich durfte die Therapie nicht vergessen, die nur abgebrochen worden war. Sie mußte fertig gemacht werden. So wurde ich am 3. 3. 1992 wieder eingeliefert – mit noch mehr Angst als zuvor.

Nur einmal am Tag bekam ich Chemo und einmal die fehlende L.P. Mein Fieber kam zurück, und ich bekam panische Angst, daß sich das ganze Elend noch einmal wiederholte. Ich sank zurück in meinen Sumpf des Trauerns. Manchmal weinte ich nur den ganzen Tag vor mich hin. Am dritten Tag der Chemo wurde eine Blasenentzündung festgestellt. Ich bekam wieder Antibiotika, aber die Therapie ging eisern weiter.

Meine Mutter und ich, wir fingen an, Fragen zu stellen, die nicht gern gehört wurden. Zum Beispiel: Warum ist bei mir nie EKG und Ultraschall gemacht worden? Es ist bekannt, daß die Chemo die Organe angreifen kann. Warum ist das nie untersucht worden? Und warum hatte ich keinen festen Zugang für die Infusionen bekommen anstelle dieser ewigen Quälerei mit den Tröpfen? Aber in dieser Klinik bekamen wir von niemandem eine Antwort.

Der fünfte Tag der Chemo wurde abgesetzt. Meine Entzündung war schlimmer geworden, und das Jucken von dem Medikament wurde unerträglich. Ich kratzte mir wieder mal die Beine blutig und bekam Valium zum Schlafen. Am 8. 3. 1992 durfte ich – mit 600 Leukos – wieder nach Hause. Ich bekam alle möglichen Medikamente gegen das Jucken mit und verließ die Station.

Daheim ging es mir innerhalb von zwei Tagen wieder gut, aber am vierten Tag mußte ich in die Klinik, um das Blut untersuchen zu lassen. Mir ging es prima, und ich war sehr optimistisch. Bevor wir losfuhren, hielten wie an einer Tankstelle. Dort trafen wir zufällig meinen Kinderarzt. Er lobte mich und sagte, wie gut ich aussähe. So machten wir uns auf den Weg ins Ungewisse.

Das Warten auf die Auswertung des Blutes dauerte sehr lange. Als ich das Ergebnis in die Hand gedrückt bekam, wußte ich, warum: Auf dem ausgedruckten Blatt Papier stand: »0 Leukos, 32 000 Thrombos und 8,5 Hb.« Null Leukos? Habe ich mich verguckt? Brauche ich eine neue Brille? Ich schaute die Ärztin ungläubig an. »Es sind natürlich nicht null«, sagte sie. »Wir haben noch mal per Hand gezählt. Es sind 100. Du gehst besser auf die Station!« »Per Hand gezählt« heißt natürlich mit dem Auge und durch das Mikroskop. Normalerweise wird das Blutbild von einer Maschine ausgewertet. Aber bei mir hatte die Maschine erst gar keine Leukos gefunden.

Welches Leben ist so viel Leiden wert?

Mittlerweile kann der Leser, die Leserin sich vorstellen, wie ich mich dabei gefühlt habe. Das war zu viel! Jetzt beim Schreiben kommen die gleichen Gefühle wieder hoch, und ich muß oft unterbrechen. Ich muß aufstehen und einmal durch die Wohnung gehen, Klavier spielen, meine Mutter und meine Schwester in den Arm nehmen, meine Tränen wegwischen und mich kneifen, um zu überprüfen, ob ich wirklich noch da bin oder ob ich nur träume. Ich kann es heute gar nicht mehr glauben, was ich alles durchgemacht habe, dieses Auf und Ab an Gefühlen und Empfindungen – ich glaube, ich könnte es nicht noch einmal. Ich würde das auch nicht noch einmal durchmachen – das weiß ich genau. So viel ist mir mein Leben nicht wert. Und vor allem: diese Sache mit dem Glauben, mit meinem Glauben. Er wurde in jenen Tagen endgültig festgelegt: Ich glaube an mich selber. An sonst niemanden. Ich glaube so stark, daß ich es geschafft habe, meine Krankheit zu besiegen. Wenn ich einen Rückfall bekäme, wäre ich von mir selbst enttäuscht, und mein Glaube könnte mich verlassen. Ohne Glaube ist der Mensch nur halb so stark. Egal, an was er glaubt, an Kirche, Personen, Tiere oder Götter – alle erfüllen die gleiche Aufgabe.

Ich habe mehr Angst vor Leiden als vor dem Tod. Einmal während der Therapie verkürzten sich die Muskeln und Sehnen in meinen Beinen. Ich konnte meine Beine nicht gerade durchdrücken, so daß ich nur noch unter starken Schmerzen und auf Zehenspitzen gehen konnte. Niemand konnte mir sagen, ob das je wieder wegginge oder ob es schlimmer werden könnte. Ob ich einen Rollstuhl brauchen würde oder ob ich eines Tages beim Sport wieder mitmachen könnte. Ich hatte Angst weiterzuleben. Aber allmählich wurden meine Beine wieder besser, obwohl ich lange Zeit keine Reflexe hatte.

Nein, der Tod ist nicht schlimm. Es war an diesem Tag, daß ich Rebecca zum letzten Mal sah. Als ich wieder auf die Station kam, war sie zum Sterben entlassen worden und tröstete mich. Es ist schwer, jemanden zu verlieren. Unendlich schwer. Es war schon schrecklich für mich, als ich vier Jahre alt war und meine beste Freundin wegzog. Als wir nach Deutschland kamen, dachte ich, ich würde nie wieder Freunde finden. Aber das sind Kleinigkeiten. Meine kleine Freundin von damals habe ich längst vergessen, meine Freunde in Amerika auch. Man weiß aber immer im Hinterkopf, daß es irgendwo jemanden gibt, der dieselben Erinnerungen an bestimmte Situationen wie man selbst hat. Aber wenn man jemanden, den man gern hat, durch den Tod verliert, vergißt man ihn nie. Man lebt zwar weiter und wird sicherlich auch wieder glücklich, aber im Hinterkopf weiß man, daß dieser jemand nicht mehr da ist. Endgültig. Vielleicht ist es das, was den Tod für viele Menschen so erschreckend macht: die Endgültigkeit. Wir Menschen sind dann nicht mehr Herrscher, Alleskönner. Kein Arzt kann die Verstorbenen zurückbringen, nie wieder. Ich glaube, das ist es, was am Tod das Schlimmste ist.

Na ja, nun saß ich also wieder auf der Station mit so gut wie gar keinen Leukos, Thrombos und mit zu niedrigem Hb. Mir ging es blendend, aber ich sollte wieder eingesperrt werden. Am Tag zuvor noch war ich unter Menschen gewesen, sogar bei den Pferden. Ich hatte meine Werte nicht gewußt, und sie hatten mich auch nicht interessiert. Ich war normal gewesen – und jetzt saß ich hier im weißen Zimmer. Meine Mutter mußte einen Mundschutz anziehen, obwohl sie mir vor wenigen Minuten noch einen Kuß gegeben hatte. Plötzlich war meine Welt wieder umgestürzt, und die Situation steigerte sich zur Katastrophe, als eine Ärztin geschickt wurde, um mir einen Tropf anzulegen.

Ich war mittlerweile im siebenten Monat der Therapie, und meine Venen waren am Ende. Am rechten Arm eine Venenentzündung, am linken eine riesige Delle, wo ausgelaufene Chemo das Gewebe weggeätzt hatte. Mein Fuß war immer noch blau vom letzten Tropf – es war ziemlich aussichtslos, eine heile Vene zu finden. Ich empfand aber gleichzeitig Mitleid für die junge, neue Ärztin, die keine Ahnung hatte und nun ein schluchzendes Mädchen ohne geeignete Venen vor sich hatte. Sie probierte es mit allen Mitteln, legte Manschetten an, klopfte viel und legte meinen Arm in heißes Wasser – es war nichts zu finden. Natürlich stach sie drei- oder viermal an – es war ja einen Versuch wert –, aber alles ohne Erfolg. Mittlerweile war sie selbst fast am Heulen und meinte, sie könne es nicht. Damit ging sie, um einen anderen Arzt zu holen. Ich bin bald ausgeflippt: »Was soll das alles? Mir geht es doch gut! Wozu brauche ich einen Tropf? Ich brauche keine Medikamente! Wieso muß ich wieder in diesem kahlen Zimmer sitzen?« Bald kam die Ärztin mit Verstärkung zurück, und sie versuchten mir zu erklären, wozu ein Tropf gut sei. Ich habe nicht zugehört. Der neue Arzt untersuchte meine Arme gründlich und wendete wie seine Kollegin wieder alle Mittel an. Nach zwanzig Minuten kam er zu dem Ergebnis: »Es gibt nur noch eine Möglichkeit, an der Pulsader des linken

Handgelenks. Es wird dir weh tun, aber da mußt du durch.«
Damit hielten sie mich fest und schoben die Nadel in die
empfindliche Stelle an der Innenseite des Handgelenks.

Ich sprach weiter oben von zwei außergewöhnlichen Erleb-
nissen während der Therapie, wobei das erste für mich ein
»Todeserlebnis« war. Das Anlegen dieses Tropfs stellt die
zweite Situation dar, die ich – vielleicht fälschlicherweise –
als Tod erlebt habe, obwohl, weiß Gott, keine Lebensgefahr
für mich bestanden hat.

Ein Todeserlebnis ist für mich die »absolute« Situation.
Eine Situation, die nur aus einem einzigen Gefühl besteht
und doch wesentliche Erkenntnisse herbeiführt. Damals,
als ich umgekippt war, fühlte ich mich nur noch müde –
sonst nichts. Und als ich aufwachte, wußte ich ganz plötzlich, daß ich mir selbst helfen konnte.

Als ich nun diesen Tropf bekam, waren das die schlimmsten Schmerzen, die ich je in meinem Leben gespürt habe,
so wie ich am Anfang erklärt habe: Meine psychische Angst
bekam die Überhand. Sie verwandelte sich in physische
Angst und wurde in Schmerzen ausgedrückt. Meine Angst
war so groß, daß sie Schmerzen verursachte, die alle anderen während der Therapie erlittenen Schmerzen übertra-
fen. Alle. Ich hatte die Welt einfach satt. Was müßte das
für ein Leben sein, das so viel Leiden wert ist? So eines gibt
es nicht. Auch deshalb würde ich nie wieder Therapie machen, dafür ist diese Welt nicht gut genug – jedenfalls für
mich.

Auch wenn das jetzt sehr deprimiert klingt, bin ich gar
nicht depressiv, denn ich lebe gern und freue mich, am Leben zu sein. Und natürlich genieße ich all die wunderschönen Sachen, die dieses Leben ermöglicht. Dafür habe ich ja

auch hart gekämpft. Aber trotzdem glaube ich, daß der Tod genauso schön sein kann. Ich will noch nicht sterben, aber ich fürchte mich nicht davor.

Jedenfalls bestätigten diese Schmerzen für mich, daß es keinen Gott geben kann. Wer weiß, wie das alles zusammenhängt und wer was bewegt! Vielleicht ist alles nur Schicksal? Niemand kann das wissen, und eigentlich ist es ja auch egal, wer oder was unser Leben bestimmt. Hauptsache ist, jeder einzelne von uns lernt damit umzugehen. Eine ziemlich blöde Lage für uns Menschen!

Ich schrie, als sie die Nadel einstachen. Ich schrie mit voller Kraft. Die mißglückte KMP (Knochenmarkpunktion) und dieser Tropf waren die einzigen Male, wo ich alle Scheu und Würde vergessen und wie ein Baby geschrien habe. Ich schrie aus Wut und dachte: »Warum, zum Teufel? Warum kann ich nicht einfach nach Hause gehen und sterben? Wozu lasse ich das alles mit mir machen? Warum läßt die Mama das zu?«

Als sie fertig waren und der Tropf – Gott sei Dank – richtig funktionierte, gingen sie. Wie immer. Wieder einmal blieb die Mama allein mit mir zurück und versuchte, mich irgendwie zu beruhigen. Weder Arzt noch Schwester kamen nochmals, bis es Abendbrot gab. Wahrscheinlich hatten sie wieder einmal keine Zeit, oder vielleicht auch keine Lust, sich um Zimmer 17 zu kümmern. Wäre ja nichts Neues. Später am Abend gab ich meiner Mutter eine Liste von Sachen, die ich brauchte: mein heißgeliebtes Kuscheltier Muschi, meinen Walkman, Schlafanzüge, Thunfisch, Gurken und mein Lateinbuch – alles, was man so zum Leben braucht.

In der Nacht bekam ich Thrombozyten, am nächsten Tag

zweimal Blut. Vier Tage nach meiner Einlieferung hatte ich kein Fieber, keinen Infekt, aber immer noch nur 100 Leukos. So hielt man das über eine Woche. Mir war es aber wieder einmal schrecklich langweilig. Eine Woche im Krankenhaus ohne Symptome und mit einem Tropf, wo meistens nur Flüssigkeit reinlief und ab und zu mal Thrombos oder Blut. – Sehr aufregend!

Niemand kam. Niemand hatte Zeit. Allmählich bekam ich Angst. Ich hatte Angst, ich würde verrückt werden. Einmal lag ich im Bett und sah Fernsehen. Ich war allein. Neben mir stand meine Tasse Tee und das Kännchen. Plötzlich packte mich dieses Gefühl des Eingesperrtseins so stark, daß ich unbedingt diese Tasse gegen die Wand schmeißen wollte, sofort, mit aller Kraft, daß es donnerte. Ich wollte schreien und wollte, daß sie alle ins Zimmer gerannt kamen, dafür würde ich das Geschimpfe gern in Kauf nehmen. Vielleicht hätte ich das einfach mal tun sollen, wer weiß? Aber mich hielt eine andere Sache davon ab: Ich hatte Angst. Angst, sie würden mir Beruhigungsmittel geben, so daß ich nicht mehr richtig denken könnte. Nein, das kann ich mir nicht erlauben. Ich setzte die Tasse wieder ab und schaltete den Fernseher auf ein anderes Programm um. Ich fand es sehr merkwürdig, daß tagelang niemand mein Bett machte. Sonst geschah das täglich. Hier schlossen sie mich also ein, machten ein großes Trara um meine Werte, legten einen Tropf an, und nun lag ich über eine Woche in dem gleichen Bettzeug. Irgendwie paradox, oder? Mama wechselte es schließlich. Ich war zwar stark genug, um es selbst zu tun, aber ich traute mich nicht, den Arm mit dem so mühevoll angelegten Tropf zu bewegen. Um alles in der Welt durfte der nicht kaputtgehen!

Eine Woche lang schlappte ich durch das kleine Zimmer, schaute Fernsehen, starrte aus dem Fenster und wartete darauf, daß irgend etwas geschehen möge. Und mein Warten wurde »belohnt«. Nach neun Tagen im ungemachten Bett bekam ich das von den Ärzten erwartete Fieber. Sie haben wahrscheinlich alle aufgeatmet.

Eine Woche lang, als es mir trotz ihrer Erwartungen so blendend ging, hatten sie mir erzählt, daß ich bald einen Infekt bekommen würde, ja müßte. Es werde nicht mehr lange dauern, jeden Tag könne es geschehen. Tagtäglich bei der Visite das gleiche: »Was, immer noch keine Anzeichen? Morgen vielleicht.« Ich hatte ihnen klarzumachen versucht, daß es mir vielleicht auch gutgehen könnte, daß ich vielleicht gar keinen Infekt bekommen würde. Meine Hoffnungen wurden überhört. Denn was noch nie da war, konnte jetzt auch nicht sein. Unmöglich. Von heute auf morgen bekam ich 39,9° Fieber, und meine Mundschleimhaut wurde mit den bekannten Bläschen überzogen.

Das Geburtstagsgeschenk

Ich wurde von Schuldgefühlen geplagt: Mama hat Geburtstag! Ich konnte nichts schenken, ich konnte nicht mal ins Spielzimmer, um was zu basteln, und niemand kam zu mir. Moment, was ist denn das für ein Denken? Ich lasse Mamis Geburtstag doch nicht von dieser unfähigen Station versauen! Ich werde schreiben. Ich werde ihr ein Buch schreiben. Von neuer Motivation gepackt, bereitete ich im Kopf Geschichten vor. In der Nacht stieg meine

Temperatur auf 41° und klang am nächsten Tag wieder ab. Nach zwei Tagen war alles wieder weg: Bläschen, Fieber und Infekt. Da machte ich mich mit voller Wucht ans Schreiben. Nach drei Tagen war ich fertig, und eine Freundin, die mich manchmal besuchte, tippte es für mich ab. Mama wußte nichts davon. Sie war einfach zu glücklich, daß mein Fieber so schnell wieder weg war. Sie weinte, als ich ihr an ihrem Geburtstag das liebevoll gebundene Buch überreichte. Es hieß »Feuerfliegen«, nach Rabindranath Tagores »Fire flies«, einer Sammlung von ergreifenden Gedichten, die für uns immer sehr wichtig gewesen waren. Meine Version war sowohl auf deutsch als auf englisch geschrieben. Und so führte ich meine Mutter durch die Welt meiner Gedanken:

Feuerfliegen
Von Mavi für meine Mama

Ein Elefant
Ein Elefant gab mir die Hand
an einem Sonntagmorgen.
Ich schrie: »O Schreck! Meine Finger sind weg!«
und lief zum Arzt voller Sorgen.

Love
Every leaf must fall
every day must end
every creature must die
every tree must bend one day
but not my love for you
it grows with flowers each day anew

Eine Geschichte

Es war einmal ein kleines Mädchen, das ganz alleine in einer riesigen Burg wohnte. Natürlich nicht ganz »allein«, denn seine Eltern und viele Angestellte wohnten auch dort, aber sie war trotzdem sehr einsam. Und weil sie immer so alleine war und immer nur mit sich selbst spielen konnte, wurde sie ungeheuer wütend auf die Welt.

»Was willst du heute machen?« fragte ihre Mutter »Willst du mit den Pferden spielen, im Schwimmbad schwimmen gehen oder vielleicht mit den Angestellten Tanz spielen?«

Das kleine Mädchen schüttelte traurig den Kopf. Sie hatte Angst vor Pferden, das Wasser im Schwimmbad war zu kalt, und beim Tanzen wurde sie von den Angestellten immer besiegt. Sie wollte gerne ein kleines Mädchen, mit dem sie spielen konnte. Aber andere Mädchen kennenlernen durfte sie nicht, weil die Eltern an eine alte Legende glaubten. Diese Legende besagte, sie würden alles verlieren, wenn ein anderes Mädchen jemals die Burg beträte.

Eines Tages, als das Mädchen alleine an einem Teich lag, fing sie an zu weinen, laut und verzweifelt. Sie weinte, weil sie wollte, daß sich die Situation änderte, und weil sie Angst hatte, es werde sich nie ändern.

Da fühlte sie eine Hand auf ihren Schultern. Sie drehte sich um, um zu sehen, wer es war, aber sie sah niemanden. Dieser Niemand nahm sie sanft in den Arm und wischte ihr die Tränen ab. Er stand auf und trug sie weg in eine neue Welt, wo sie sehr glücklich war.

Apples

How many times have I looked up and seen
the biggest apples at the top of the tree?

The longing to eat them, so juicy and sweet –
but the only ones you reach are those at your feet.
So you try to climb the big huge tree,
higher and higher until you seem to be
up in the sky – like the birds you see.
So you pick your apple, and what do you see?
A worm is in it, and you fall from the tree.

And that's what you get from apples
that should not have been.

Der Stacheldraht

Es war einmal ein Stacheldraht,
der vielen immer Unrecht tat.

Er hielt die Wölfe raus
und die Schafe drin,
und so langsam merk' ich,
dies Gedicht hat keinen Sinn!

This is your Life

Vor genau 42 Jahren kam ein kleines Mädchen auf diese Welt.
Ihr Schicksal war schon festgesetzt, sie sollte später, wenn sie
stirbt, der neue Oberengel sein. Ein Oberengel ist der mächtigste
Engel im ganzen Himmel. Es gibt nur einen Oberengel im Him-
mel, und er ist die wichtigste Person – außer Gott natürlich. Der
Oberengel achtet darauf, daß alle Engel glücklich sind und im-
mer auf ihr Pflegepersonal auf der Erde aufpassen. Der Ober-
engel selbst hat mehrere Pflegepersonen, weil er so viel Liebe in
sich hat und weil ihn Gott ganz besonders lieb hat. Der jetzige
Oberengel ist schon seit mehreren Jahrhunderten im Dienst und

möchte jetzt pensioniert werden. Da dieser Beruf rein freiwillig ist, darf er natürlich aufhören, wann er will.

Um ein Oberengel zu werden, muß man auf Erden viele schwere Tests bestehen, ohne die Liebe aufzugeben. Zum ersten Mal ist nun dafür eine Frau gewählt worden. Sie hat bis jetzt viel durchgemacht, aber bald wird es besser.

Und diese Frau bist Du, Christiane Beate Schmidt. Also, vergiß nicht, Du wirst es durchstehen, weil Du zu etwas sehr Wichtigem bestimmt bist. Gib nie die Hoffnung auf!

In Liebe,
Deine Mavi

The Light

Look there – do you see?
There yonder beyond the trees.
There is a light that dwells high above the earth
that only GOD can see
It is a light filled with happiness and love.
It is a beautiful light that only few can see
When one approaches it, it disappears,
they don't seem to realize it has many fears.
It is only seen by those who look for it.
so look there beyond the trees
What do you see?
Nothing, right?
Because I can see the light beyond the trees.

Rotkäppchen

Eines Tages ging unsere Heldin Rotkäppchen durch den Wald.
Plötzlich sah sie den Wolf.
»Aber Wolf, warum hast du so große Augen?« fragte sie ängstlich.

Da rief der arme Wolf empört: »Noch nit amal in Ruh scheißen kann man hier.«

Das sind ein paar Ausschnitte aus »Feuerfliegen«. Das Anfangsgedicht »Ein Elefant« hat für mich die wichtige Bedeutung, daß es das erste Gedicht ist, das ich auf deutsch geschrieben habe. Ach ja, und natürlich »Rotkäppchen«. Ein Witz, den ich irgendwo aufgegabelt habe. Er wurde von mir während der Therapie x-mal erzählt, und dabei bekam ich immer wieder einen hysterischen Lachanfall. Ich konnte mehr darüber lachen als meine Zuhörer, die aber auf jeden Fall Spaß an meiner so plötzlich auftretenden Freude hatten. Auch heute noch, wenn ich ganz schlecht gelaunt bin und nicht einmal lächeln will, erzählt mir meine Schwester diesen Witz. Ich kämpfe dann verzweifelt gegen die aufkommende Freude an, kann aber das Lachen nie verbergen. Zuerst setzt sich ein breites Grinsen auf mein Gesicht, worauf meine sehr gemeine Schwester den gleichen Witz immer und immer wieder erzählt und dabei sich selbst dumm und dämlich lacht – schrecklich. Was ich an diesem Witz so komisch finde, ist mir bis heute unklar.

Stöhnen

Nach zwei Wochen im Schleusenzimmer, nach unzähligen Thrombo- und Blutplättcheninfusionen passierte das Schlimmste, was ich mir zu der Zeit vorstellen konnte: Mein Tropf ging zu, nachts, als sie mir Blut geben wollten und meine Mutter nicht mehr da war. Zugleich passierte etwas Ungewöhnliches: Die Nachtschwester kümmerte sich um mich. Und wie durch ein Wunder fand die Ärztin eine Vene in der Armbeuge, die Nadel lag richtig, kein Puhlen oder Stochern. So glücklich wie in dem Augenblick war ich lange nicht mehr gewesen.

Mit der Zeit entwickelte ich eine Allergie gegen Thrombozyten. Ich bekam schreckliche Magenschmerzen, während sie mir in die Vene tropften. Ich habe aber tatsächlich ein wunderwirkendes Mittel gefunden: stöhnen. Tatsächlich! Dieses »Oooooooooooohm« von manchen Religionen hat sicherlich seine Gründe. Ich hielt den tiefen Ton ganz lange, atmete ein und setzte von Neuem an. Zum Glück hörte mich niemand. Es hat aber sehr entspannend gewirkt.

Ganz am Anfang der Therapie, als ich das erste Mal Thrombos bekommen sollte, hatte ich wahnsinnige Angst. Eine andere Mutter hatte mir nämlich die Ohren vollgejammert, wie weh das täte. Ihr Kind würde jedesmal schreien, wenn es Thrombos bekäme, weil sie so dickflüssig seien. Ich sollte mich auf einiges gefaßt machen. Ich weiß bis heute nicht, was sie damit erreichen wollte. Ob sie mir Angst einjagen wollte oder ob sie einfach unsicher war. Jedenfalls waren bei mir die Magenbeschwerden viele Transfusionen später die einzigen Nebenwirkungen, die ich je bemerkt habe. Man sollte nicht alles glauben, was man erzählt bekommt.

Ich verbrachte eine Woche in Isolation, mir ging es gut, abgesehen von den zwei Tagen Fieber. Aber ich träumte immer schlecht. Ich träumte, ich wollte Mama anrufen und konnte die Tasten nicht treffen, oder die Wände erdrückten mich, oder jemand verfolgte mich. Meine Träume machten mir zu schaffen. Ich wachte morgens müder auf, als ich abends gewesen war. Einen Teil erzählte ich meiner

Mutter, den Rest verarbeitete ich allein. So mache ich es auch heute noch, denn es gibt selten eine Nacht, in der ich nicht schlecht träume.

Ein paar Tage Erholung: Wie kann das Leben schön sein!

Nach drei Wochen durfte ich raus. Ich wollte meinen Tropf behalten. Ich hatte kein Vertrauen und vor allem Angst, zwei Tage später wieder eingeliefert zu werden. Die Schwestern redeten es mir aus, entweder würde ich nach Hause gehen und mich erholen, oder ich müsse dableiben – und dann am Tropf. Mir war zwar bange, aber ich ließ die Nadel ziehen. Meinen Ellenbogen konnte ich nicht bewegen – wie jedesmal, wenn ein Tropf entfernt wurde. Zur Sicherung des Tropfs ist immer eine Schiene angebracht worden, die den Arm steif hielt. Es dauerte jedesmal drei Tage, bis alles wieder beweglich war.

Aber ich war draußen, an der frischen Luft – unter Menschen. Wir fuhren auf meinen Wunsch nach Bayern zu meiner Tante und meinem Onkel. Sie wohnen wunderschön in einem kleinen Dorf, direkt am See. Eine Woche lang erholten meine Mutter, meine Schwester und ich uns von den entsetzlichen Strapazen der letzten Wochen und Monate. Eine weitere Woche verbrachten wir daheim. Meine letzte Therapie war geschafft. Vor mir stand nur noch die Bestrahlung.

Die spontane Fahrt nach Bayern war wirklich sehr gewagt von uns, und es gehörte viel Mut dazu. Wenn man bedenkt, wie viel wir erlebt hatten, wie viel Angst wir eingeredet bekommen hatten und auch von uns aus hatten. So viele Erlebnisse. Aber wir wagten es, gleich am Tag nach der Entlassung. Es gab sogar einen Arzt in dem 1000-Seelen-Dorf, der »Fingerpiekse« machte, das heißt, er brauchte bloß einen Tropfen Blut aus meinem Finger und konnte damit in seiner Praxis die Werte auszählen. – Äußerst angenehm, daß die Aussicht auf die Entnahme von Venenblut gleich null war!

Da waren wir nun im wunderschönen Bayernland. Das Gras war grün, die Kuhglocken bimmelten, und ich war fertig mit der Intensivtherapie. Was konnte das Leben schön sein! Ich fuhr zum ersten Mal seit einem Dreivierteljahr Fahrrad – zwar nicht viel, aber immerhin. Es ist ein außergewöhnliches Gefühl, etwas zu tun, was man lange nicht mehr tun konnte.

Mit neun Jahren hatte ich in diesem Dorf schon einmal Ferien gemacht. Ganz allein war ich mit dem Flugzeug geflogen und habe wunderschöne Ferien verbracht. Damals lernte ich die Zwillinge Leonhard und Florian kennen, Freunde von meiner Cousine Ricarda und meinem Cousin Alex. Meine Güte, hatte ich mich in Leo verliebt! Ich liebte ihn mit meinem ganzen neunjährigen Herzen. Das legte sich natürlich wieder, aber diesen ersten Schwarm kann ich natürlich nicht vergessen.

So war mir ziemlich unwohl, als Ric und Alex den Besuch der Zwillinge ankündigten. Jetzt, in meinem Zustand! Mir wurde richtig bewußt, wie »häßlich« ich war: blaß, gelblich, keine Haare, keine Augenbrauen, keine Wimpern, mager. Und nun sollten mich diese zwei hübschen 16jährigen Jungen sehen? Ich fühlte mich plötzlich sehr klein. Es ging mir zum ersten Mal auf, daß ich nicht mehr in die gesellschaftlichen Normen des Aussehens paßte. Klar, in den wenigen Tagen, an denen ich daheim gewesen war, hatte es schon Situationen gegeben, Bemerkungen und die allessagenden Blicke der Passanten auf der Straße. Sogar auf der Autobahn hatten sich Leute beim Überholen umgedreht, um das kleine blasse Etwas sehen zu können. Das war mir eigentlich alles egal gewesen. Aber nun stand dieser alte Schwarm vor mir! Der Abend war sehr anstrengend für mich. Ich fühlte mich im Kreis dieser Jugendlichen – Ric, Alex, Leo, Flo und ein Freund von Ric – sehr unwohl. Ich war nicht so. Ich war nicht so schön und konnte mich nicht über die gleichen Sachen amüsieren. Ich glaube, meine Cousine und mein Cousin wußten auch nicht so recht, wie sie mich behandeln sollten. Aber sie bemühten sich, was ich sehr zu schätzen wußte. Wir haben oft bei ihnen Ferien gemacht, und Rici und Alex habe ich viel zu verdanken, was Selbstbewußtsein angeht, wenn es auch ihrerseits unbewußt geschehen ist.

Das Problem mit dem Aussehen legte sich, als wir wieder daheim waren. Ich dachte nicht mehr darüber nach. Genauso wie damals in Amerika, als ich mit elf Jahren 70 Kilo gewogen hatte. Ich fand mich schön. Es gab nur vereinzelte Momente, wo mir mein »Anderssein« deutlich wurde. Diese Momente waren sehr schmerzhaft und bleiben als kleine Kerben in meinem Gedächtnis.

Abgesehen von der Konfrontation mit meinem Aussehen waren die Ferien und die Zeit daheim fabelhaft. Jeden Morgen wachte ich mit nur einem Gedanken auf: Nur noch die Bestrahlung! Ich war absolut selig und freute mich darauf, endlich wieder in die Klinik zu können und den Rest hinter mich zu bringen. Und so wurde ich am 22. 4. 1992 glücklich und sogar mit kurzen, fast unsichtbaren Stoppelhaaren wieder in die Klinik gebracht.

Nur noch die Bestrahlung

Zu meinem Vergnügen stellte ich fest, daß ich die kleine quirlige Fünfjährige von meinem Einlieferungstag bei mir im Zimmer hatte. Und ich brauchte nicht mal einen Tropf. Es war ein total anderes Klinikgefühl: keine Nadeln, keine Schmerzen, noch keine Übelkeit und sogar eine nette Ansprechpartnerin im Zimmer. Und ich durfte auch raus, sogar in die Stadt. Ich kochte mir mein Mittagessen selbst und konnte mir was zu trinken holen, wenn ich Durst hatte. Ich war auf nichts und niemanden angewiesen und schwor mir, es nie wieder sein zu müssen.

Die Bestrahlung war eine fast witzige Sache, nicht ganz so, wie manch einer sich das vorstellt. Dazu habe ich die tollsten Fragen gehört: »Ist es wie im Fernsehen? Alles dunkel, kahl und kalt? Rennen die alle in Schutzanzügen umher? Strahlst du noch? Spürt man die Strahlen? Leuchten die Strahlen?« – Um ehrlich zu sein, zu meinem ersten Termin bin ich auch mit solchen Gedanken gegangen.

Das Gebäude war bewacht, ich bemerkte einige Videokameras, und es war sogar im Keller. Aber die Wände waren weiß, im Wartezimmer gab es Pflanzen und ein Aquarium, und die Ärzte sahen ziemlich normal aus. Ich wurde fotografiert, damit niemand sich hereinschmuggeln konnte und *meine* Bestrahlung abbekam. Ich kann mir eigentlich nicht vorstellen, daß jemand unbedingt bestrahlt werden möchte. Die Erklärung für das Foto habe ich mir selbst ausgedacht. Warum man aber ein Foto macht, ist mir bis heute ein Rätsel. Nach dem Foto wurde mein Schädel gemessen, und ich bekam rote und schwarze Linien aufgemalt mit der eindringlichen Warnung, diese ja nicht wegzuwischen. In die Sonne sollte ich auch nicht gehen.

Die Bestrahlung selbst funktioniert so: Man wird aus dem Wartezimmer gerufen und mit dem Foto verglichen. Dann kommt man in eine Kabine, wo man den Körperteil freimachen muß, der bestrahlt werden soll – bei mir der Schädel. Also setzte ich meinen Hut ab, nahm auch Brille, Halskette und Uhr ab. Dann wartet man in der Kabine, bis aufgemacht wird. Man kann nämlich die Tür zum Bestrahlungsraum nur von außen öffnen.

Von dort wurde ich in einen geschmackvoll ausgestatteten Raum geführt: schöne Teppiche, schöne Tapeten, Radio lief über Lautsprecher – insgesamt sah es aus wie in einem hochmodernen Wohnzimmer, abgesehen von einem Tisch inmitten des Raumes und einem röntgenähnlichen Gerät darüber. Ich legte mich auf den Tisch, und eine Helferin richtete das Gerät her, damit es genau mit den gezeichneten Linien auf meinem Kopf übereinstimmte. Sie verließ den Raum, und ich bekam die Anweisung: stilliegen und möglichst ruhig bleiben.

Nun war ich gespannt. Wird es donnern, blitzen oder leuchten? Das Gerät fing an zu brummen, und ein absolut ekelhafter Geruch erfüllte meine Nase. Der Geruch dauerte nur kurz, aber etwas so Scheußliches habe ich in meinem ganzen Leben noch nicht gerochen. Ich habe ihn immer noch in der Nase, kann ihn ganz genau in meine Erinnerung rufen, aber nicht erklären. Vielleicht könnte ich ihn als eine Mischung aus Benzin, Kerzenwachs und Schwefel beschreiben oder als eine Mischung aus Essig, saurer Milch und Haarspray – pfui Teufel, einfach schrecklich, stechend, aufdringlich und irgendwie gemein. Komisch, aber bis jetzt habe ich mit niemandem gesprochen, der diesen Geruch genauso bemerkt hat. Ob ich mir das nur einbilde, wer weiß? Jedenfalls war er jedesmal da, wenn das Gerät anging. Ich gewöhnte mir an, immer auszuatmen, wenn das Brummen anfing. Ganz heftig pustete ich aus. Aber es nützte nichts. Der Geruch war unbesiegbar und peinigte meine Nase immer und immer wieder, heftete sich an meine Nasenhärchen und wartete darauf, daß ich irgendwann wieder einatmen mußte. Ja, ich denke, »gemein« ist der richtige Ausdruck für diesen Geruch. Für den Rest meines Lebens werde ich ihn mit der Radioaktivität verbinden. Hoffentlich werde ich ihn nie wieder riechen müssen. Erst später hatte man mir erklärt, daß dieser Geruch vom Ozon herrühren kann, das beim Anspringen der Maschine entsteht. Er könne aber auch durch eine Ionisierung meiner Nervenzellen herrühren. Jedenfalls habe ich mir nichts eingebildet. Sonst passierte nichts: kein Donner, kein Blitz, kein Leuchten. Ziemlich öde. Mir wuchsen keine neuen Ohren, und andere Mutationen waren auch nicht feststellbar. Nur diesen Geruch werde ich nie vergessen.

Wieder auf Station angekommen, bekam ich Zofran, gegen Übelkeit. Man hatte mir gesagt, daß ich gegen die Übelkeit auch Cortison bekommen würde. Ich fragte vorne in der Küche.

Schwestern und Ärzte hatten sich gerade zum Kaffeetrinken versammelt, und meine Anfrage kam ziemlich ungelegen.

»Cortison? Wieso Cortison? Wer hat das gesagt?«

»Der Doktor.«

»Ach so. Na ja, gut. Muß es denn jetzt sein?«

Alle verdrehten die Augen. Man merkte deutlich, was in jedem vorging:

»Ich nicht. Ich gehe jetzt nicht zur Apotheke.«

»Ich weiß es nicht, ob ich das Medikament jetzt brauche«, sagte ich. »Sie haben es mir verschrieben, dann müssen Sie auch wissen, wann ich es brauche!«

Der Arzt überlegte kurz und sagte dann: »Mach es doch mal ohne. Wir haben jetzt nichts auf Station.«

Also gut. Ich schaffe es dann auch ohne Cortison. Ich ging zurück in mein Zimmer und schlief eine Stunde. Plötzlich wurde ich aber von einem unangenehmen Geruch geweckt: Man hatte gerade eine Stelle an meinem Bauch desinfiziert und setzte dazu an, mir eine Spritze zu verabreichen.

Langzeit-Therapie

»Was ist denn das?« erschrak ich. Die Ärztin schaute mich etwas verdutzt an: »Wie – was ist das? Das weißt du doch!«

»Das weiß ich eben nicht!«

»Wir fangen heute mit der Langzeittherapie an. Dazu gehört ebendiese Spritze.«

Das war ganz neu für mich. Bis dahin hatte man mir gesagt, daß ich zuerst die Bestrahlung und dann die Therapie bekäme. Die Therapie besteht aus täglich zwei Chemo-Tabletten und einmal im Monat, vier Tage hintereinander, Chemo-Spritzen, eben in den Bauch.

Als ich also wenigstens wußte, wofür die Spritzen waren,

störten sie mich nicht mehr. Je eher ich anfange, desto eher bin ich fertig! Die Therapie sollte nämlich 18 Monate dauern. Das ist eine lange Zeit! Ich war ganz stolz auf mich: Chemospritzen, Chemotabletten und Bestrahlung – und das alles an einem Tag! Ohne Cortison. Ich schaffte es auch so. Mir ging es gut – bis 22.00 Uhr. Die Übelkeit kehrte ein – und zwar plötzlich! So plötzlich und heftig, daß es nicht mal bis zur Toilette reichte. Schöne Sauerei! So ging das die ganze Nacht lang – wie in alten Zeiten.

Zur Visite am nächsten Tag hatte man nun doch einen Zivi in die Apotheke geschickt und mein Medikament geholt. Was dann tatsächlich geholfen hat. Ich fragte, ob ich zum Abschluß noch eine Knochenmarkspunktion bräuchte. Als letzte Kontrolle. Mir wurde versichert, daß das nicht mehr nötig sei. Halleluja! Wenigstens eine positive Nachricht.

Meine zehnte und letzte Bestrahlung brachte ich ohne Zwischenfall hinter mich. – Mit ein wenig Glück! Denn zur Zeit streikten die öffentlichen Dienste. »Mein« Bestrahlungsgerät war das einzige, das zur Zeit in Betrieb war. Viele Patienten mußten ihre Termine ausfallen lassen, wegen Streik. Komische Sache, fand ich.

Zur Sicherheit fragte ich noch mal wegen der KMP nach und bekam – Gott sei Dank! – wieder ein »Nein« zur Antwort. Meine endgültige Entlassung rückte immer näher! Countdown läuft! Meinen Professor hatte ich seit Januar nicht mehr gesprochen – mittlerweile hatten wir Mai.

Und dann kam, wovon ich monatelang geträumt hatte: mein Entlassungstag! Schon morgens früh hatte ich alles fertig gepackt und wartete nur noch auf die Visite. Die ließ auf sich warten. Aber macht nichts, ich kann nach Hause. Heute bringt mich nichts aus der Fassung!

Endlich traten sie ein: Stationsärzte, Praktikanten, Schwestern und sogar der Professor selbst. Vielleicht will er mich verabschieden? Mir gratulieren? Er kam zuerst ins Zimmer gestürzt. Übel gelaunt. Er begrüßte mich mit den Worten: »Wir machen heute doch eine KMP. Du kannst noch nicht nach Hause.« Damit machte er auf seinem Absatz kehrt und ging.

Ich mußte mich erst mal hinsetzen, und das Erstaunen war auch in den Gesichtern der Ärzte und Schwestern nicht zu übersehen. Sie versuchten, die peinliche Situation zu überspielen, gingen dann aber etwas ratlos hinaus. Da fing ich an zu heulen. Jetzt reichte es! Ich hatte mir so viel gefallen lassen, das würde ich nicht mehr mitmachen!

Flucht

»Wir gehen«, sagte ich zu Mama. Meine Lieblingsschwester kam nochmals, um zu sehen, wie es mir ging. Wir umarmten uns zum Abschied, und dann schloß sie die Hintertür für uns auf, damit wir ungesehen gehen konnten. Nach acht langen, schweren Monaten verließen wir die Klinik durch eine Hintertür. Ich schwor mir, diese Station nie wieder zu betreten.

So endeten acht lange Monate. Es gibt so viele, unzählige Erlebnisse, die ich dort hatte und die ich nicht alle erzählen kann. Im nachhinein fallen mir immer mehr ein: der Zivi, der mir nachts vorlas, als ich 40° Fieber hatte. Oder der Arzt, den wir »Dr. Puhl« nannten, weil er so gerne an den Venen herumstocherte, als wären sie lose Spaghetti. Total brutal! Die unzähligen Punktionen, Tröpfe, Medikamente, Nebenwirkungen, Ängste, Schmerzen und Trauermomente. Nein, den Ärzten habe ich nicht mein Leben zu verdanken, sondern meiner Mutter und mir selbst!

Durch den Sumpf der Erinnerungen funkeln wenige Lichtschimmer, einzelne Momente, die mir Kraft gaben, weiter zu kämpfen. Ohne meine Mutter wäre ich verrückt geworden. Tatsächlich verrückt! Die Wärme, die sie mir ins Zimmer brachte, ihre Arme, die mich hielten, ihre Ohren, die meine Gedanken anhörten, und ihr Herz, das mich verstand. Wir lachten, ich weinte, und sie tröstete mich. Ich hatte zwar meinen Glauben auf mich selbst umgestellt, zog meine Kraft und mein Vertrauen aus mir selbst. Doch für jeden Vogel ist es gut zu wissen, daß es, auch wenn er gut allein über die Welt hinwegsegeln kann, trotzdem einen Boden gibt, auf dem er landen kann. Denn ab und zu muß jeder Vogel landen.

Die andere Klinik

Nachdem sich die Anfangs-Euphorie des Freiseins etwas gelegt hatte, widmeten wir uns der Realität. Eine Klinik brauchte ich – keine Frage! Ich mußte doch zur Langzeittherapie und Nachsorge! Durch eine Freundin erfuhren wir von einer Klinik, die angeblich anders sein sollte als die anderen. »Da dreht sich alles um den Patienten. Betreuer, Helfer, Psychos, Ärzte, sogar der Professor selbst – alle kümmern sich nur um den Patienten.« Das kann ja wohl nicht wahr sein! Das klang, als erzähle man einem Wüstenbewohner vom Meer. Eine solche Klinik überstieg meine Vorstellungskraft. Aber ich brauchte eine ... Mama rief an und machte einen Termin aus. Am verabredeten Tag klopfte mir das Herz vor Aufregung. Erstens, weil ich eine Klinik und einen neuen Professor kennenlernen mußte, und zweitens, weil ich noch nie in dieser Stadt gewesen war. Die Stadt gefiel mir schon mal, als ich in der Innenstadt einen amerikanischen Pizzakonzern entdeckte. Dort frühstückte ich zum dritten Mal, und dann machten wir uns auf den Weg in die Klinik.

Es war ein kleines Gebäude – viel, viel kleiner als die andere Klinik. Es gab keine fünfzehn Stockwerke und auch nur wenig andere Gebäude auf dem Gelände. Keine Pforte mit Wachen, keine verschiedenen Abteilungen, kein riesiger Parkplatz. Uniklinik? Wir gehen auf die Station. Ein kleines Kind auf einem Dreirad kommt uns entgegen mit einem Affenzahn drauf. Verzweifelt schiebt die Mutter einen Ständer mit Flaschen hinterher und schreit immer nur: »Schatz! Paß auf deinen Schlauch auf! Schatz, langsamer! «

Ein intensiver Geruch machte auf sich aufmerksam. Was ist das? Ein Desinfizierungsmittel? Medikamente? Oder einfach dieser typische Krankenhausgeruch? Nein! Es ist Kuchen! Butterkuchen oder Marmorkuchen – wer weiß? Backt da jemand Kuchen? Auf dem Gang vor der Station rieche ich noch etwas anderes, komisch, aber irgendwie vertraut, urig. Es scheint aus einem Vorzimmer zu kommen. Woran erinnert mich das bloß? Ach, ich hab's! Pfeife! Da raucht jemand! Ich schnuppere weiter. Pfeife? Versteh ich nicht. Wer raucht denn hier? Wir setzen uns und warten. Inzwischen überlege ich mir, wie der Professor wohl aussehen wird. Wahrscheinlich so wie der andere, groß, dünn und grau. Und er wird total ernst sein, wird nur wissen wollen, was ich habe, und dann wieder gehen.

Ich schaue mir die Station an. Die Wände sind bunt bemalt und die Betten bunt bezogen. Fast alle Zimmertüren stehen offen, aber niemand liegt darin. Hinten im Spielraum sitzen sie alle. Zwei oder drei Damen in grünen Kitteln und sämtliche Mütter und Väter sind schwer am Schaffen. Stapelweise werden Spiele aus den Schränken geholt und genauso wieder verstaut, bis ihr Kind zufrieden ist. Ich bemerke, daß fast niemand einen Tropf in der Vene hat, sondern alle Schläuche führen unter das Hemd – also haben sie einen Port. Merkwürdig, es sitzt auch niemand mit der »Kotzschale« da, und ich kann kein Zimmer entdecken, wo vorne ein Schild mit der Aufschrift »Schleusenzimmer« hängt. Ich entdecke auch die Küche, die Quelle des Kuchengeruchs, und bekomme sofort etwas zu trinken angeboten. Wie – ich? Sie kennen mich doch gar nicht! Ich freue mich, nehme einen Saft und kehre zurück zu Mama, die auch schon mit Kaffee versorgt wurde. Und dann war es soweit. Wir wurden hineingerufen. Was versteckt sich hinter Tor 3?

Der andere Professor

Zuerst war ich leicht verwirrt. Abgesehen von dem weißen Kittel sah dieser Mann überhaupt nicht aus wie ein Professor! Blonde Haare und eine dicke Brille! Er trug eine Cordhose und einen einfachen Pulli. Und noch dazu stellte ich fest, daß der Pfeifengeruch aus seinem Zimmer kam. Er schüttelte uns die Hand, grinste über beide Ohren und setzte sich hinter seinen Schreibtisch. Und dann geschah das Unglaubliche: Er lehnte sich zurück, legte die Füße auf den Tisch, zog seine Pfeife aus der Tasche – fragte, ob er rau-

chen dürfe, und rauchte! Ich war total fasziniert. Will der
mich hier auf den Arm nehmen? Dann fing er an zu reden.
Zweieinhalb Stunden redeten wir an einem Stück. Wahrscheinlich insgesamt länger, als ich in den ganzen acht
Monaten mit meinem alten Professor geredet hatte. Er fragte mich und hörte mich an. Er erklärte mir mehr von meiner Krankheit, als man mir je zuvor gesagt hatte. Er malte,
fuchtelte mit den Händen und erläuterte. Und ich war total begeistert! Ein Professor, der sich zweieinhalb Stunden
Zeit nimmt, nur um mit mir zu reden! Das kann doch gar
nicht sein! Ich war noch ziemlich mißtrauisch. Ob er immer so ist? Jedenfalls verordnete er gleich mehrere Untersuchungen, die in der alten Klinik nie gemacht worden
waren. Zum Beispiel eine Herzschalluntersuchung, da die
Therapie das Herz ziemlich angreifen kann.
Mein Mißtrauen hielt nicht lange an. Mit jedem Mal, das
ich zur Langzeittherapie mußte oder zum Blutbild, wuchs
auch mein Vertrauen. Und auch jetzt, nach über zwei Jahren, wurde ich noch nie enttäuscht. Man hatte immer Zeit
für mich, und mein Professor nimmt mich sogar in den
Arm und drückt mich. Ich bewundere ihn und alle die anderen, die ihre Station zu dem machen, was sie ist. Sie alle
haben das Unglaubliche geschafft: Nach so vielen schlechten Erfahrungen haben sie mir mein Vertrauen in die Ärzte
wiedergegeben. Es gibt sie doch noch, die mitfühlenden
Ärzte. Ich fühle mich dort sehr wohl und fahre auch heute
gerne öfters hin als notwendig, denn eigentlich brauchte
ich nur alle zwei Monate zur Kontrolle zu kommen.
Die Langzeittherapie war ganz okay – auch die Übelkeit bekam ich mit meinem geliebten Zofran in den Griff. Die
Spritzen bekam ich in die Bauchdecke. Deshalb sah ich zu,

daß ich immer eine Speckschicht dort hatte, damit es nicht so weh tat.

Ich blieb daheim auch bei meinem Kinderarzt und habe langsam wieder Vertrauen zu ihm aufgebaut. Heute ist er ein ebenso guter Ansprechpartner wie die in der Uniklinik. Es gab ja auch das Problem, daß ich am Anfang ziemlich häufig Blutbildkontrollen brauchte, und dafür konnten wir ja nicht immer in die Uniklinik fahren, und mein Kinderarzt machte keinen »Fingerpieks«. Tja, aber wie durch ein Wunder fand er eine noch funktionstüchtige Vene. Seit zweieinhalb Jahren wird sie nun angestochen – aber nur von ihm, und nur mit »Butterfly«, einer besonders dünnen Kanüle. Nur in den äußersten Notfällen lasse ich jemand anderen an meine Venen. In der Beziehung übertrifft er sogar die Leute an der Uniklinik! Nun, um eine lange Geschichte kurz zu machen, möchte ich nur noch mal betonen, wie dankbar ich bin, diese Ärzte zu haben. Für mich sind gute Ärzte fast das Schönste, das es auf dieser Erde geben kann. Sie sind wie ein Geschenk, das das Leben ein kleines bißchen einfacher macht.

Eigentlich ist wieder alles ganz normal

Ich bin natürlich gleich wieder in die Schule gegangen, schon in den Zeiten, als ich noch Spritzen bekommen habe. Ich schrieb Arbeiten, Tests und wurde abgefragt – und aufgrund eigener Leistungen auch versetzt. Das Lernen fand ich toll, aber es war schwierig, so viele Menschen um mich zu haben, nachdem ich so lang allein gelegen hatte. Und ich fühlte mich ausgeschlossen, anders. Eine Klassen-

kameradin zum Beispiel feierte in der Zeit ihren Geburtstag. Alle aus der Klasse wurden eingeladen – nur ich nicht.
Ich war total schockiert und verletzt. Meine Freundin fragte nach, warum sie mich denn weggelassen hatte. Ihre Be-
gründung lautete, sie plane eine Schnitzeljagd, und da ich
eh zu schwach sei, um da mitzuhalten, habe sie mich nicht
eingeladen.

Für mich war das damals wie ein Schlag ins Gesicht. Nicht
nur, daß ich mit der Krankheit gestraft war, jetzt bestrafte
mich die Gesellschaft dafür. Ich war ungeheuer wütend
damals. Heute verstehe ich es schon eher. Woher sollen die
anderen wissen, was ich fühle? Vielleicht wollte sie mich
vor der Blamage schützen, daß ich nicht mitmachen konnte. Ich weiß es nicht genau. Aber ich würde empfehlen, so
eine Situation anders zu behandeln. Sie hätte mir zum Beispiel sagen können, wann die Schnitzeljagd zu Ende ist,
dann wäre ich nachgekommen. Oder vielleicht hätte sie
gar ganz darauf verzichten können? Es war im Grunde genommen nur eine Kleinigkeit, aber ich werde es nie vergessen. Ich war tatsächlich anders. Eigentlich weiß ich selbst
nicht, wie ich behandelt werden wollte. Mit Vorsicht? Wie
alle anderen? Leider gab es kein Mittelmaß, und ich bekam
immer nur die zwei Extreme zu spüren.

Die Glatze

Die Tatsache, daß ich keine Haare hatte, rückte für mich
immer mehr in den Mittelpunkt. Mein kahler Schädel war
daran schuld, daß die Leute mich anstarrten, mir nach-
schauten und mit Fingern auf mich zeigten. Man nannte

mich »Nazi« oder »Aidskranke« und lachte über meine ab-
stehenden Ohren. Wie Menschen so grausam sein können,
ist mir unerklärlich. Manche Menschen können sich aber
auch ändern, zum Beispiel ein Klassenkamerad. Anfangs
lachte er sich schief über mich und ließ keine Gelegenheit
aus, auf dieses oder jenes witzige Merkmal an mir aufmerksam zu machen. Dabei war ich damals total verknallt in
ihn! Heute verstehen wir uns mehr oder weniger gut. Er hat
eine Kehrtwende von 180 Grad gemacht; und er ist sicher
nicht der einzige.

Es ist wirklich zu schade, daß Kahlheit so verpönt ist – sonst
würde ich freiwillig eine Glatze tragen. Es ist ein absolut
tolles Gefühl! Abends lag ich im Bett, fuhr mit der Hand
über die glatte Haut, klatschte darauf und massierte sie mit
einer Babybürste von meiner Schwester. Vor allem war sie
praktisch: nur waschen und polieren! Aber damals wollte
ich nichts lieber als Haare. Mit den Fingern durchfahren,
kämmen, stylen – einfach alles, was dazugehört! Ich wollte
mir einen Pferdeschwanz wachsen lassen und flechten
können, sie tönen, mit Lockenwicklern aufdrehen und be-
sprühen. Ach, was sehnte ich mich danach! Heute habe ich
wieder lange Haare – und sie schon bald wieder satt. Irgendwann fasse ich den Mut und schneide sie wieder ab.

Am meisten störte es, daß man mich immer für einen Jungen hielt. Einmal, als wir auf dem Rückweg von der Klinik
an einer Autobahnraststätte anhielten, mußte ich sehr
dringend auf die Toilette. Zwischen den zwei Räumen saß
eine Putzfrau und sammelte Geld. Als ich zur Damentoilet-
te wollte, schrie sie durch die ganze Raststätte, die sei für
Frauen. Herrentoilette ist auf der linken Seite. Alles drehte
sich um und glotzte. So was Peinliches war mir noch nie

passiert! Ganz leise erklärte ich ihr, daß ich ein Mädchen sei. Sie entschuldigte sich, und es war nicht zu übersehen, daß es auch ihr peinlich war. Es dauerte lange, bis ich das Selbstbewußtsein, das ich heute habe, entwickelte. Damals ließ ich mich von dieser unbekannten Person verunsichern. Heute hätte ich anders reagiert – ganz anders.

Bekannte und Freunde

Die vielen Spendenaktionen, die gelaufen waren, hatten uns sehr geholfen. Aber im nachhinein bereute ich sie. Alle kannten mich in der Stadt und in der Schule. Ich hatte immer das Gefühl, beobachtet zu werden. Als würden sie alle nur schauen, was ich mache, was ich anziehe, was ich für ihr Geld gekauft hatte. Ich hatte das Gefühl, ihnen etwas schuldig zu sein, und wußte nicht, wie ich es zurückzahlen sollte. Am meisten tat es weh zu merken, wie viele nur aus Sensationslust gehandelt hatten. Nach der Intensivtherapie hätte ich genauso viel Hilfe gebraucht, vielleicht sogar noch mehr. Während der Therapie war die Mama immer bei mir. Nun war ich allein in einer Gesellschaft voller Verrückter. Ein Mädchen zum Beispiel ließ sich kurz nach der Entlassung nicht mehr bei mir blicken. Dabei war sie eine Zeitlang tagtäglich bei uns gewesen. Vielleicht hat sie es nur getan, um im Mittelpunkt zu stehen, denn sie ging zur gleichen Schule wie ich. Wenn die Lehrer sie fragten, wie es mir gehe, konnte sie sich wichtig fühlen. Als ich nicht mehr »aktuell«, war, brauchte sie mich nicht mehr. Ich war ja nun keine Sensation mehr.
Natürlich gab es auch viele, die es ernst meinten – keine

Frage! Das sind diejenigen, die sogar heute, nach drei Jahren, immer noch fragen, wie es mir geht. Und sich auch für meine Antwort interessieren. Vanessa, die mich mit den Schulaufgaben versorgte und sich für mich einsetzte, wenn ich gefehlt habe. Oder meine Sportlehrerin, die auf mich Rücksicht nimmt und stets nachfragt, wie es mit mir steht. Mein Mathelehrer, einer der wenigen, die mir Nachhilfe anboten, wenn ich sehr lange gefehlt hatte und eine Klassenarbeit anstand. Aber es gab leider auch Lehrer, die mir das Schulleben schwermachten.

Aber ich will niemanden anklagen oder tadeln – auch wenn ich es allzu gerne tun würde. Viele Leute wissen einfach nicht, wie man mit so einer Situation umgehen soll, und ich kann das auch niemandem übelnehmen. Woher sollten sie es auch wissen? Sicherlich ist es sogar zu egoistisch von mir zu verlangen, daß man sich so verhält, wie ich es will. Aber ein gewisses Maß an Sensibilität sollte schon vorhanden sein. Mehr braucht man nicht; das andere kommt von selbst.

Sissy und ich, wir haben uns einfach auseinandergelebt. Sissy hatte mir jeden Tag in die Klinik geschrieben, aber jetzt sind unsere Interessen einfach zu verschieden geworden. Doch auch wenn wir heute nicht mehr befreundet sind, hoffe ich, daß sie und ihre Familie wissen, wie sehr sie mir durch ihre Unterstützung geholfen haben.

Die Haare wachsen wieder

Nach zwei Monaten fingen die Haare wieder an zu wachsen. Kleine, fast unsichtbare Stoppeln, die von Tag zu Tag länger wurden. Werden es schwarze Locken? O bitte, laß es schwarze Locken werden! Wurden es nicht. Sehr schade. Als sie ca. einen Zentimeter lang waren, legte ich meinen Hut ab und ging zum ersten Mal ins Schwimmbad. Die Überwindung war damals ungeheuer groß. Wie gesagt, das Selbstbewußtsein kam erst mit der Zeit – aber einmal geschafft, immer geschafft! Obwohl ich eigentlich gar nicht ins Schwimmbad gehen durfte …! Denn das Wasser in Schwimmbädern ist dafür bekannt, daß darin unerwünschte »Lebensformen« – sprich: Bakterien – geradezu gezüchtet werden. Das war nicht unbedingt das Ideale für mein Immunsystem. Anscheinend aber doch, denn dieser Ausflug bekam mir sehr gut. Es war genauso wie damals während der Intensivtherapie, als ich gegen strikte Anordnungen verstieß, indem ich in den Pferdestall ging. Was ich unbedingt will, mache ich auch! Ich habe bis heute noch keinen Schaden davongetragen.

Ein zweites Argument gegen das Schwimmbad war, daß ich leidenschaftliche Sonnenanbeterin bin – am liebsten zur Mittagszeit, wenn es richtig heiß ist. Da blieben die Ratschläge von Mama und Arzt, im Schatten zu bleiben, ziemlich unbeachtet. Ja, das war schon leichtsinnig. Aber mach das mal einer Vierzehnjährigen klar, die seit gut acht Monaten keine vernünftigen Sonnenstrahlen abbekommen hat! Ich wollte nur eins: backen, bis ich schwarz werde.

Dazu kam es aber nicht mehr, denn es gab einen kleinen Zwischenfall: Ich wurde müde. Klingt blöd, nicht wahr? Aber es war tatsächlich so. Ich wurde ganz einfach müde. Ich schlief morgens, mittags, abends und nachts sowieso. Es gab keine fünf Minuten am Tag, an denen ich zu irgend etwas anderem als schlafen fähig war. Ich konnte nicht mal essen oder trinken, geschweige denn sprechen oder lesen. Ich war vor Müdigkeit gelähmt. Es gab nichts, was ich wollte, außer schlafen. Die einzige Freude, die man mir machen konnte, war ein dunkles, kühles Zimmer mit Bett. Dazu kam dann ein Infekt. Meine Ohren schmerzten, meine Nase war zu, ich hustete und bekam Herpes an der Lippe. Eigentlich ganz »normale« Symptome für eine Grippe oder ähnliches. Aber da liegt das Problem: Für jemanden, der an Krebs erkrankt ist oder war, bedeuten diese Symptome eine Heidenangst! Und so kurz nach der Therapie sowieso. Nach einer Weile beschloß mein Professor, daß ich doch mal vorbeikommen sollte – auch weil ich nichts aß oder trank.

Ich verbrachte zum ersten Mal eine Nacht auf Station in dieser Klinik – was bis jetzt auch das einzige Mal geblieben ist! Ich kann mich kaum noch daran erinnern, denn ich schlief die ganze Zeit. Ich weiß nur noch, daß ich eine Flasche Wasser bekam, die ich bis zum Morgen trinken mußte, sonst würden sie mir künstlich Flüssigkeit zufügen. Am nächsten Tag durfte ich wieder gehen. Ich schlief noch eine weitere Woche, legte zwischendurch Pausen zum Trinken ein und schlief weiter. Tja, und dann wachte ich langsam wieder auf. Genau so schleichend, wie ich eingeschlafen war. Meine Mama atmete wieder auf, und ich überlegte mir, was als nächstes kommen würde.

Die »Schlafkrankheit«, die ich hatte, war ein sogenannter »Strahlenkater«. Das heißt, es kam von der Schädelbestrahlung. Was da genau passiert, weiß ich nicht. Ich war nur froh, wieder wach zu sein.

Die Nachsorgekur

Die Zeit verging voll neuer Erfahrungen – guter wie auch schlechter. Und dann kündigte Mama die Kur an. Gemeint ist eine sogenannte »Nachsorgekur« für Krebserkrankte. Dort können sich Patienten, Geschwister und Eltern von den Strapazen der Therapie erholen. Aber ich wollte nicht hin! Ich wollte alles, was mit Krankheit zu tun hat, total vergessen und einfach ein normales Leben führen. Vier Wochen Kur bedeutete auch wieder vier Wochen Fehlen in der Schule – nein danke! Ich wehrte mich vehement dagegen, weinte, jammerte und machte meiner Mutter das Leben unheimlich schwer. Aber sie ließ nicht locker. Sie veranlaßte sogar, daß der Psychologe aus der Uni – der erste nette Psycho, den ich kennengelernt habe – mich anrief und versuchte, mir die Sache schmackhaft zu machen. Er bewirkte allerdings nur das Gegenteil. Es nützte alles nichts! Ich wurde vor vollendete Tatsachen gestellt: Wir fuhren. Mann, war ich wütend!

Unser Ziel lag im Schwarzwald, und das im tiefsten Winter. Wir waren alle drei ziemlich unerfahren, was solche Reisen anging. Niemand kann sich vorstellen, was für ein Gepäck wir dabei hatten! Es dauerte erst einmal eine gute Stunde, bis wir die Taschen und den Proviant in unserem kleinen Panda verstaut hatten, so daß wir mißgelaunter denn je losfuhren. Meine Schwester mußte sich hinten auf dem Sitz zwischen tausend Sachen quetschen, und ich hing auf dem Vordersitz mit dem Kopf fast zwischen den Knien. Am bequemsten saß die Mama, die sich aber andauernd beschwerte, weil sie aus dem hinteren Fenster nichts sehen könne. Es dauerte die ersten 200 Kilometer, bis wir uns beruhigt hatten! Ich *wollte* gerne schlecht gelaunt bleiben, um den anderen die Freude auch zu verderben, aber sogar ich mußte dann zugeben, daß es – zumindest ein wenig – aufregend war.

Über die Kur zu schreiben bereitet mir Schwierigkeiten. Viele unschuldige Blätter Papier haben schon ihren Weg in den Papierkorb gefunden, weil ich nicht weiß, wo ich anfangen soll. Vielleicht ist es am besten, wenn ich von hinten anfange: Vor vier Monaten ist ein Freund von mir gestorben; jemand, der mir sehr viel bedeutet hat und den ich in der Kur kennengelernt hatte. Viele Menschen, die wußten, daß ich an diesem Buch schreibe, fragten mich als erstes: »Wann ist es denn fertig?« Ich wußte nie, was ich antworten sollte, denn das Buch handelt von meinem Leben mit meiner Krankheit, und das wird wohl nie zu Ende gehen. Auch jetzt, während des Schreibens, sind viele Ereignisse dazugekommen, Dinge, die mich prägen, die mich immer wieder an die »alte« Zeit erinnern. Zum Beispiel der Tod von Nils.

Die Kur war etwas Besonderes. Wir waren die ersten Gäste, denn das Haus war neu gekauft und eingerichtet worden. Alles war funkelnagelneu und wartete nur darauf, benutzt zu werden. Ich hatte mein eigenes Zimmer; im Zimmer nebenan schliefen meine Mutter und meine Schwester. Jedes Zimmer im Haus hatte ein eigenes Telefon, und es dauerte nicht lange, bis wir entdeckten, daß man damit durch das ganze Haus telefonieren konnte!

Am ersten Abend, nachdem sich alle eingerichtet hatten, versammelten sich die Kinder und Jugendlichen im Gruppenraum. Man mußte sich wirklich Mühe geben, um zu erkennen, wer krank und wer ein Geschwister war. Unter den älteren befanden sich Nils – er war sechzehn und seine Schwester Anika zwölf. Wir verstanden uns auf Anhieb. Sie kamen aus dem »hohen Norden«, und ich mochte es, wie sie sprachen. Irgendwie richtig lustig!

Das Faszinierende an der ganzen Sache war, daß ich hier von Menschen umgeben war, die mehr oder weniger das gleiche durchgemacht hatten wie ich. Ich war nicht mehr allein, und zum ersten Mal sah ich andere Patienten, denen es gut ging. Gleich am ersten Abend blieben Nils und ich bis null Uhr auf und redeten. Über alles! Therapie, Ängste, Freunde, Krankheit ... Hier waren zwei Menschen, die sich gerade mal sechs Stunden kannten und sich trotzdem so offenbarten. Ich fühlte mich so wohl wie lange nicht mehr. Ich konnte reden und reden, über Schmerz, über Erfahrungen, und mein Zuhörer verstand, was ich meinte.

Vier Wochen lang war die Kur, vier Wochen in einer anderen Welt. Tagsüber machten wir Ausflüge, bastelten oder gingen spazieren – und niemand schaute komisch, wenn ich langsamer gehen mußte. Niemand fragte mich, ob ich ein Junge oder Mädchen sei, und niemand rümpfte die Nase, wenn ich zur Blutabnahme mußte – im Gegenteil, man fragte mich, wie meine Werte sind. Vier Wochen lang tauchte ich in eine andere Welt ab. Wir verstanden uns alle super: die Großen mit den Kleinen und umgekehrt. Soviel gelacht wie in den vier Wochen hatte ich schon lange nicht mehr.

Noch während der Kur, am 28. Januar, feierte ich meinen ersten – neuen – Geburtstag, das heißt ein Jahr in Remission – krebsfrei. Diesen Tag feierte ich mit Anika und Nils. Wir gingen abends Pizza essen und blödelten bis spät in die Nacht. Dieses Datum ist für mich sehr wichtig – noch wichtiger als mein richtiger Geburtstag. Ich bin so froh, daß ich ihn mit diesen zwei Freunden verbringen durfte.

Die Abreise kam unverhofft schnell. Die Zeit war vorbeigeeilt, als würde sie zu einem wichtigen Termin zu spät kommen! Ich konnte förmlich sehen, wie sie vorbeiflog! Und der Abschied war trauriger und schmerzhafter, als ich je erwartet hatte. Anika und ich waren wie zwei Schwestern – wir sahen uns sogar ähnlich! Wie zwei »Blödis« hatten wir den ganzen Tag Spaß gemacht – uns gegenseitig gekitzelt und dumme Witze erzählt, über die nur wir lachen konnten. Eben richtig albern. Andererseits hatte ich mich in Nils Hals über Kopf verliebt. Ich ließ es mir aber nie anmerken und habe es auch nie irgend jemandem erzählt. Ich hatte Angst, daß ich damit unsere Freundschaft zerstören würde. Er hatte mich auch nie als »Mädchen« anerkannt, was aber ganz gut war so. Lieber hatte ich einen guten Freund, mit dem ich reden konnte. Heute denke ich mir, daß ich es ihm vielleicht hätte sagen sollen. Wer weiß?

Wir heulten alle beim Abschied, die Eltern wie die Kinder. Warum mußten Anika und Nils bloß so weit weg wohnen? Ich war untröstlich und heulte tagelang. Daheim spukten mir ständig Bilder von der Kur durch den Kopf – und schon flossen alle Brünnlein wieder.

Die Entscheidung

Nur schleppend zog ich mich durch die ersten Schultage, doch bald war ich wieder voll im Streß, aber nicht nur mit der Schule. Ich hatte bemerkt, daß die Spritzen, die ich monatlich bekam, mir immer unangenehmer wurden.

Schon Tage vorher bekam ich Angst davor, und mir wurde schlecht beim Gedanken daran. Die abendlichen Tabletten blieben mir immer öfter im Hals stecken – buchstäblich! Ich fing an zu überlegen: Wieso? Ich, die mit Tabletten nie Probleme hatte und bestimmt nicht zimperlich war, konnte einfach nicht. Es war, als ob mein Körper sich gegen die Medikamente sträubte. Die Antwort auf mein Problem war nicht schwer zu finden.

Ich war und bin davon überzeugt, daß ich gesund bin. Warum nehme ich also noch diese Medikamente? Einen Rückfall kann ich mit oder ohne Medikamente bekommen, kein Arzt kann mir Genaues sagen, also höre ich auf mich selbst. Ich hatte genug Gift genommen. Und damit brach ich die Langzeittherapie ab, neun Monate früher als geplant, am 24. Februar 1993. Mama nahm es relativ gelassen auf, obwohl ich wußte, daß sie Blut und Wasser schwitzte. Therapie abbrechen? Und was ist, wenn ich deswegen einen Rückfall bekomme? Meine Verwandten und Freunde versuchten mir diesen »Blödsinn« auszureden. Doch mein Entschluß stand fest, und Mama hielt zu mir. Sie wußte, daß ich so gut wie nie aus einem bloßen Affekt handelte, und somit auch, daß es für mich wichtig und ernst war.

»Sie ist doch erst vierzehn – bloß ein Kind! Sie kann doch nicht über so etwas entscheiden!« war die Reaktion darauf. Ich, die die Medikamente nehmen mußte, sollte angeblich nicht im Stande sein, über meinen Körper und mein Befinden entscheiden zu dürfen?! Eine schwierige Frage. Mein Kinderarzt akzeptierte es mit den Worten: »Ich vertraue dir, du weißt schon, was du tust.« Und mein Professor meinte nach langem Diskutieren ebenfalls, daß es letztendlich keine allzu große Rolle spielen würde, wie lange ich die Therapie noch nehme. So viele Statistiken gibt es nicht darüber. Ich habe keine Garantie – so oder so. Aber ich glaube an mich selbst.

Nils war völlig entrüstet. Er rief mich gleich am selben Tag an, als er meinen Brief bekam. Über die Therapie hatten wir beide verschiedene Meinungen. Er war der Ansicht, daß man alles nehmen solle, was man bekommen kann. Ich nicht. Vielleicht habe ich ihn damals in einen Gewissenskonflikt gestürzt, denn er nahm ja auch Dauertherapie. Vielleicht zweifelte er an seiner Therapie? Oder hatte er einfach Angst um mich? Wir sprachen sehr lange darüber, aber er schien meinen Entschluß überhaupt nicht zu akzeptieren. Mußte er ja auch nicht. Nun gingen wir zwei verschiedene Wege. Er nahm seine Therapie weiter, und ich lebte mein Leben zum ersten Mal seit fünfzehn Monaten ohne Medikamente. Wahnsinn! Super! Keine Tabletten! Keine Spritzen! Kein Krankenhaus!

Nils' Tod

Monate später bekam Nils einen Rückfall. Ich weiß nicht, wie er damals über mich gedacht hat. Vielleicht haßte er mich? Ich verstand die Welt nicht mehr, er wahrscheinlich auch nicht. Vielleicht haßte er mich, weil ich mit der Therapie aufgehört hatte und es mir trotzdem gut ging, und er weitergemacht hatte und einen Rückfall bekam. Wieso? Wer entscheidet darüber, ob man gesund bleibt oder nicht? Welche Faktoren? Warum sterben meine Mitpatienten, und ich lebe weiter? *Warum ausgerechnet Nils?* Für mich war die Nachricht von seinem Rückfall gleich dem Tod. Eigentlich eine verkehrte Einstellung, denn es gibt genügend Patienten, die das Gegenteil beweisen, tagtäglich, in dem sie gesund weiterleben. Aber darüber erfährt man zu wenig. Ich habe nicht mehr mit ihm gesprochen, weder über meine Angst noch über seine Angst, auch nicht über die unverständliche Krankheit. Ich weiß nicht, warum. Wir lebten uns einfach auseinander; wir waren tatsächlich zwei verschiedene Wege gegangen, und jetzt mußte jeder sich alleine durchkämpfen. Der Kontakt brach ab.

Wenige Monate später bekam ich dann seine Todesanzeige. Obwohl ich noch immer mit Anika telefoniert hatte und auch stets nach Nils gefragt hatte, schaffte sie es, mir Nils' zweiten Rückfall zu verheimlichen. Sie wollte mich nicht damit belasten. Im Grunde hatte sie recht, doch um so überraschender und schmerzhafter kam die Nachricht von seinem Tod für mich. Ein einfacher Umschlag mit schwarzer Schrift. War *das* Nils? War das alles, was von meinem Mitkämpfer übrigblieb? Der Tod tut weh und meine Selbstvorwürfe ebenso. Warum habe ich damals nicht mit ihm gesprochen? Wie konnte ich den Kontakt zu ihm abbrechen lassen? Sein Tod weckte unzählige Erinnerungen, Gefühle, Momente. Innerlich schmerzte er mich. Wir fuhren zu seiner Beerdigung.

Ich wußte nicht, was ich sagen sollte. Ich hatte versagt. Ich stand seiner Familie gegenüber und konnte nicht einmal ansatzweise den Schmerz nachempfinden, den sie verspürte. Ich konnte nichts sagen, keine tröstenden Worte, keine Mitleidsbekundungen. Ich saß in der Kirche. Sie war voller Jugendlicher, Freunde. War ich eine Freundin? Ich wußte es nicht.

Sein Grab war bunt geschmückt mit Blumenkränzen, Sträußen und zwei hölzernen Skulls von seinem Ruderverein. Ich stand davor, warf mein Sträußchen in das schwarze Loch, und mein einziger Gedanke war: »Bitte versteh mich.« Ich wollte, daß er in meine Gedanken eindringt und mir zuhört. Vielleicht hat er es auch.

Die nächsten Tage und Nächte waren anstrengend. Ich ging wieder in die Schule – immer schön lächeln –, dachte aber eigentlich nur noch über alles nach. Über die Kur, die Male, die ich Nils gesehen hatte, die unzähligen Telefonate, als es ihm schlecht ging und ich nichts davon wußte.

Ich glaube, ich habe seinen Tod noch nicht begriffen.

Schluß

Ich bin jetzt drei Jahre in Remission, komme meinem Ziel immer näher. Der Alltag nimmt zwar immer mehr überhand, aber die Alpträume bleiben. Die Angst bleibt. Die Trauer bleibt. Gleichzeitig bleibt das Leben. Die Liebe bleibt und meine Freiheit. Ich lebe! Und ich glaube – ja bin fast sicher, daß ich glücklich bin. Ich bin glücklich! Wie viele Menschen können das von sich behaupten?

Es fängt bei jedem anders an,
bei manchen plötzlich,
bei anderen ziemlich langsam.
Der eine kriegt Kopfschmerzen
oder ein Geschwulst zum Erschrecken,
der andere hat bloß ein paar blaue Flecken.
Blaß und müde sind die meisten,

doch wer kann sich schon »krank sein« leisten?
Es gibt Arbeiten zu schreiben
und tolle Sachen zu erfinden –
das läßt man doch nicht durch
Kranksein verhindern!

Aber lange hält das Glück nicht an;
man kippt um, erbricht, blutet – und dann?!
Tja, dann kommt man ins Krankenhaus,
wo Untersuchungen gemacht werden in Saus und Braus.
Alles tut weh,
und man wünscht sich ganz weit weg –
am besten auf eine Insel,
ganz allein und versteckt.
Man darf aber nicht einfach weglaufen.
Es ist wirklich zum Haareausraufen,
solange *das* noch geht,
denn bald sieht der Kopf aus wie gemäht!
Das kommt von den Medikamenten,
die man durch die Vene kriegt –
über Monate hinweg, während man da liegt.
Man fühlt sich schlecht und manchmal allein.
Doch um die Krankheit zu besiegen,
muß das sein!

Wenn die Therapie zu Ende ist,
geht es nicht jedem gut,
manche sind gestorben,
andere verlieren den Mut.
Doch die, die es schaffen,
ihnen hat man was Besonderes gegeben.

Die Schmerzen haben sich gelohnt.
Man hat ein neues Leben.

Ich gehe wieder zur Schule
und darf wieder reiten!
Ich muß mein Zimmer aufräumen
und kann mit meiner Schwester streiten.
Ich kann essen, was ich will –
nicht nur Klinikfraß!
Und nach so langer Zeit
macht sogar Geschirrspülen wieder Spaß!
Es dauert nicht mehr lang,
da sind Treppen kein Problem mehr.
Man fühlt sich gut,
die Beine sind nicht mehr so schwer.

Und dann eines Tages,
da bin ich nicht mehr kahl!
Ab diesem Tag nenn' ich mich »normal«.
Vergessen kann man es nie –
höchstens verdrängen,
bis sich die Ängste im Kopf
wie Spinnenweben hängen.
Bin ich gesund?
Oder kommt die Krankheit wieder?
Das kann mir niemand sagen –
auch nicht durch solche Lieder.

Wir haben alle verschieden angefangen,
doch unsere Ziele sind gleich:
Wir wollen den Krebs besiegen

um fast jeden Preis!
Und mit der Angst muß man leben.
Warum soll ich mich aufregen?
Dafür habe ich zu viel zu tun:

Ich will mein Leben leben!

Nachwort

von Professor Dr. Udo Bode

Als Leiter einer Fachabteilung zur Behandlung von Blut- und Krebserkrankung im jugendlichen Alter wurde ich vom Kreuz Verlag gebeten, zu diesem beeindruckenden Buch ein Nachwort zu schreiben. Obwohl ich nicht der behandelnde Arzt der Autorin war, erscheinen zum Verständnis der Erkrankung, der Behandlung und des subjektiven Erlebens der Patientin einige grundsätzliche Informationen aus meiner Sicht wünschenswert.

Unter den Krebserkrankungen sind nur in weniger als 1 % Kinder und Jugendliche betroffen. In dieser Altersgruppe sind nicht – wie im höheren Alter – Karzinome vorherrschend, sondern die Hälfte Leukämien und Lymphgewebstumoren, ⅕ Hirntumoren und der Rest solide Tumoren. Der Verlauf und die Behandlung dieser Erkrankungen unterscheiden sich erheblich von den meisten Krebsleiden älterer Menschen.

Die Erfahrung hat gezeigt, daß ohne Behandlung Krebserkrankungen im jugendlichen Alter sehr schnell zum Tode des Patienten führen und auch scheinbar lokalisierte Tumoren in den meisten Fällen schon Absiedlungen (Metastasen) in andere Organe gesetzt haben. Deshalb können die im Erwachsenenalter üblichen Therapien der Chirurgie und Radiotherapie bei Kindern und Jugendlichen nicht alleine heilend sein, sondern zur erfolgreichen Bekämpfung dieser Leiden muß eine Therapie angewandt werden, die auch die nicht sichtbaren, aber vorhandenen Krebszellen in anderen Organen erreicht (Systemtherapie). Nicht nur

Patienten, sondern auch Ärzte würden sich eine Therapie wünschen, die bei größtmöglicher Wirkung auf die Krebszellen wenig Nebenwirkungen hat. Doch gibt es eine derartige Behandlungsmethode trotz gelegentlicher gegenteiliger Behauptung noch nicht. Deswegen ist es notwendig, fast alle Kinder und Jugendlichen mit einer Krebserkrankung medikamentös zu behandeln (Chemotherapie).

Diese Medikamente hemmen die Zellvermehrung, unglücklicherweise sowohl der Krebszellen als auch der normalen Zellen. Da für die Funktion gesunder Organe eine konstante Zellvermehrung notwendig ist, kann eine derartige Behandlung prinzipiell an jedem Organ Schäden setzen. Dabei werden die schnell regenerierenden Gewebe mehr getroffen als die langsam regenerierenden Gewebe und natürlich die im Jugendalter schnell wachsenden Tumoren am meisten durch diese Therapie gehemmt. Überdies hat die klinische Erfahrung gezeigt, daß der Behandlungserfolg um so größer ist, je intensiver bzw. schneller die medikamentöse Therapie verabreicht wird. Dieses bedeutet, daß chemotherapeutische Behandlung so intensiv gestaltet wird, wie der Patient mit beherrschbaren Nebenwirkungen ertragen kann. Damit ist vorgegeben, daß auch einige Patienten unter dieser Therapie erheblich leiden müssen. Nur so war es möglich, die Mehrzahl der Patienten langfristig von ihrem Krebsleiden zu heilen, was heute bei zwei von drei Patienten möglich ist, bei manchen Erkrankungen sogar bei vier von fünf Patienten.

Für diesen Erfolg war außerdem ausschlaggebend, daß die Behandlung erheblich länger fortgesetzt wird, als Krankheitszeichen vorhanden sind, da eine Heilung nur dann möglich ist, wenn die klinisch nicht sichtbaren, aber mikroskopisch vorhandenen Krankheitsabsiedlungen ebenfalls vernichtet werden. Wenn also bei einem jungen Menschen eine Krebserkrankung diagnostiziert wird, muß eine intensive medikamentöse Therapie erfolgen, die häufig – aber nicht immer – erhebliche Nebenwirkungen hat. Es ist die Aufgabe des behandelnden Teams, diesen belastenden Weg medizinisch, pflegerisch und psychosozial so zu begleiten, daß der Patient und seine Familie physisch und psychisch von seiner Erkrankung geheilt werden kann. Für diese Aufgabe stehen an allen Universitäts-Kliniken und größeren städtischen Häusern Abteilungen zur Verfügung, in denen sich Ärzte, Schwestern und Pfleger ausschließlich auf die Behandlung derartiger Krankheiten spezialisiert haben. Nur durch diese zentrierte Erfahrung ist es heute möglich, diese Therapien so intensiv zu gestalten, daß die Nebenwirkungen beherrscht werden können und so die Heilung der Mehrzahl der Patienten möglich wird. Diese Art der Therapie für eine lebensbedrohliche Erkrankung erfordert auf der anderen Seite eine erhebliche Mitarbeit der Patienten und ihrer Familien, die nur durch ausreichende Information und frühzeitige Beratung erreicht werden kann. Deshalb stehen heute in den Behandlungszentren psychosoziale Mitarbeiter zur Verfügung, die in Zusammenarbeit mit dem medizinisch-pflegerischen Team die ganzheitliche Versorgung der Patienten und ihrer Familien übernehmen. Diese Zusammenarbeit hat die Behandlungsqualität in diesem Fach erheblich verbessert. Tausende von gesunden erwachsenen Mitbürgern, die als Kinder eine derartige Erkrankung hatten, sind dafür ein lebendes Zeugnis. Für mich als Arzt ist dieses Buch besonders interessant, weil nicht ein Angehöriger, sondern eine selbst erkrankte Jugendliche ihre Krankheitsperspektive schildert. Auch wenn man sich als Arzt bemüht, mit den Patienten mitzuempfinden, so zeigt die Autorin sehr beeindruckend, wie die Routine und Einzelheiten des Klinikalltages aus der Sicht der Patienten gesehen werden. Es soll nur kurz darauf hingewiesen werden, daß nicht alle Ärzte, Professoren, Schwestern und Psychologen wie die hier beschriebenen sind und nicht alle Patienten wie die Autorin, die trotz (oder wegen?) ihrer schweren Erkrankung und stürmischen Behandlung einen so lebendigen und beeindruckenden Bericht verfaßt hat. Ich wünsche dem Buch eine große Leserschaft, den Lesern ein besseres Verständnis der Krankheitsproblematik und das Gefühl der Sympathie für die betroffenen Patienten und ihre Familien.

Bonn, November 1996

Informationen und Literatur über diese Erkrankung und über die Behandlung sind erhältlich bei:

Deutsche Leukämie-Forschungshilfe – Aktion für krebskranke Kinder e. V., Dachverband der Elterngruppen, Joachimstr. 20, 53113 Bonn, Telefon: 0228-22 18 33, Telefax: 0228-21 86 46.

Schweizerische Interessengemeinschaft für krebskranke Kinder, Sonnenrain 4, CH-4534 Flumenthal, Telefon und Fax: +41 32 637 30 85.

Kinder-Krebs-Hilfe, Dachverband, Kinderspitalgasse 7, A-1090 Wien, Telefon: +43 1 402 88 99, Telefax: +43 1 405 10 20

Nach der Krebsoperation

Maren von Pluta
96 Seiten, Broschur
ISBN 3-268-00233-1

Eine erfahrene Gesundheitsjournalistin schreibt nach
gründlichen Recherchen, was Frauen nach einer
Krebsoperation für sich tun können und worauf sie
achten sollten - von der Ernährung bis zum
Arbeitsrecht. Betroffene Frauen berichten, wie sie ihre
Krankheit bewältigt haben.
Immer mehr Krebserkrankungen können heute erfolg-
reich behandelt werden, insbesondere Brustkrebs und
Gebärmutterkrebs. Trotzdem kursieren über die
Krankheit immer noch zahlreiche Schauermärchen, und
Patientinnen fühlen sich im Alltag mit ihrer Diagnose
oft allein gelassen. Hier setzt das Buch an.

KREUZ: Was Menschen bewegt. www.kreuzverlag.de